천국시민의 삶

야고보서가 전하는 메시지

천국시민의 삶: 야고보서가 전하는 메시지

초판 1쇄 인쇄 2023년 12월 20일
초판 1쇄 발행 2023년 12월 27일

지은이 변성규
펴낸이 최건호
펴낸곳 SFC출판부
등록 694-91-02062
주소 (06593) 서울특별시 서초구 고무래로 10-5 2층 SFC출판부
Tel (02)596-8493
홈페이지 www.sfcbooks.com
이메일 sfcbooks@sfcbooks.com
기획 · 편집 편집부
디자인편집 최건호
ISBN 979-11-87942-91-7 (03230)
값 14,000원

천국시민의 삶

야고보서가 전하는 메시지

변성규 지음

SFC

목차

추천의 글

저는 저자의 설교를 들은 적이 있습니다. 저의 기억에 그의 설교는 매우 탁월했습니다. 아마도 그 이유는 저자가 오랫동안 고신대학교에서 헬라어를 가르쳤을 뿐 아니라 히브리어에도 나름 정통했으므로 원어 분석에 기반을 둔 성경적인 설교가 가능했기 때문일 것입니다. 물론 그보다 더 중요한 것은 저자가 항상 성령님의 인도하심에 따른 감동적인 설교를 했기 때문일 것입니다.

이번에 출간하는 야고보서 설교집인 『천국시민의 삶』 또한 원어에 기반을 둔 성경주해를 기초로 해서 오늘날의 시대적 상황을 잘 이해하고 성경의 의미를 그 상황에 잘 맞게 적용한 탁월한 설교집입니다. 무엇보다도 오랫동안 저자의 목회 경험과 기도의 삶이 잘 묻어난 설교집이기 때문에 많은 성도들의 실제적인 삶에 큰 도움을 줄 것이라 확신합니다. 또한 비단 일반 성도들에게만이 아니라 다른 목회자들과 설교자들에게도 큰 유익을 줄 것이기에 적극 추천하는 바입니다.

_**이병수** 전 고신대학교 총장

저자의 야고보서 강설은 하나님 나라 가치관의 실현을 주된 주제로 삼습니다. 우리가 하나님 나라의 백성이 된 것은 놀라운 특권이 아닐 수 없습니다. 하지만 그 나라의 백성이라고 해서 여러 가지 시련과 도전이 면제되거나 제거되는 것은 아닙니다. 다만 우리에게는 놀라운 믿음의 변환 장치가 갖추어져 있을 뿐입니다. 우리는 가장 선한 계획을 가지신 하나님을 믿고 의지하기에 그 어떤 시련과 도전 앞에서도 그것을 온전히 기쁘게 여기는 능력을 발휘합니다. 힘겨운 고난을 당하더라도 낙심하거나 슬퍼하는 대신 자신의 문제를 하나님 앞에 기도하며 나아갈 줄 압니다. 이런 태도는 즐거운 일에 대해서도 마찬가지입니다. 곧 단지 그 일을 기뻐하고 즐거워하는 데서 그치지 않고 그것을 하나님을 향한 찬송으로 바꾸어내는 것입니다. 그리고 그렇게 할 때 감사와 영광이 비로소 하나님께 돌아가게 됩니다. 성도의 삶 속에는 이런 변환 장치가 갖추어져 있습니다. 우리는 이 장치가 매 순간 실질적으로 잘 작동하도록 살펴야 합니다. 그래야 복잡다단한 이 세상의 삶의 현장에서 하나님 나라의 백성된 삶을 잘 구현할 수 있습니다. 이 책은 이런 길로 우리를 잘 이끌어 줄 것입니다.

한편 하나님 나라의 백성은 하나님의 주권에 대한 신앙고백을 형제 사랑, 이웃 사랑을 통해 잘 구현해야 합니다. 여기에는 야고보서가 가르치는 다양한 측면들이 포함됩니다. 곧 차별 없이 타인을 대하는 태도, 우리의 일상적인 언어생활, 화평을 우선으로 삼는 공동체 생활, 가난한 이웃을 향한 돌봄과 나눔의 삶 등입니다. 이 책은 야고보서가 다루는 이런 다양한 측면들을 잘 해설할 뿐만 아니라, 성도들의 실제적인 삶속에 이를 잘 접목시키고 있습니다. 뿐만 아니라 본문에 대한 깊은 이해와 목회 현장에서의 실천적인 관심이 잘 버무려졌기에 읽기 쉬우면서도 실제적인 지혜를 깊이 배울 수 있게 합니다. 그러므로 많은 성도님들이 이 책을 일독함으로써 하나님 나라의 백성으로서 자랑스러운 자태를 배우고 그 나라의 가치관을 구체적으로 삶속에서 실현시켜 나가기를 바라면서 적극 추천하는 바입니다.

_**최승락** 고려신학대학원 원장

천국시민의 삶

서문

　예수님을 통해 그분의 아우인 야고보 사도를 만나고, 야고보 사도를 통해 현실밖에 보지 못하는 이 땅에서 살아가는 천국시민의 실제적인 삶이 어떠해야 하는지 깨닫는 은혜가 풍성했습니다. 야고보서를 묵상하고 설교하는 동안 전하는 자나 듣는 자 모두가 성도로서 갖추어야 할 성품과 실천의 삶이 훌쩍 자라는 유익과 기쁨을 크게 누렸습니다. 이것이 그동안의 야고보서 설교들을 다듬고 엮어 이렇게 책으로 출간하는 이유입니다.

　저는 은혜와평강교회를 개척한 뒤 처음으로 마태복음을 설교했습니다. 예수님께서 말씀하신 천국시민이 가질 가치관을 살펴보고 싶었기 때문입니다. 그것을 책으로 엮어서 『천국시민헌장』과 『예수님과 그 나라』라는 두 권의 설교집을 출판했습니다. 감사하게도 많은 분들이 애독해 주시고, 또 여러 통로로 호응해 주셨습니다. 설교를 들은 성도들과 독자들의 호응은 뒤이어 설교한 야고보서도 출판할 용기를 내는 데 큰 힘이 되었습니다.

　야고보서는 마태복음 설교를 마친 뒤에 이어서 설교하고 싶은 성경이었습니다. 이 땅에 오신 하나님의 아들이신 예수님이 천국시민헌장을 발표하시고, 천국의 가치관을 말씀하셨습니다. 그러한 예수님을 처음에는 믿지 못했던 육신의 동생 야고보가 부활하신 예수님을 만난 이후 예루살렘교회의 지도자가 되고 그리고 성경을 썼을 때에 과연 뭐라고 썼을까가 굉장히 궁금했습니다. 그리고 형님인 예수님이 말씀하신 기독교적 가치관을 제대로 이해했는지가 궁금했습니다.

야고보는 형님인 예수님의 말씀을 이해하고 그 예수님의 말씀을 기초로 야고보서의 말씀을 전개하고 있습니다. 짧은 야고보서인데 굉장히 많은 예수님의 말씀을 인용하고 있습니다. 마태복음이 '천국시민헌장'이라면 야고보서는 '천국시민의 삶'이라고 할 수 있겠습니다. 환란과 핍박이 많았던 그 시대의 그리스도인들에게 야고보는 삶으로 주님을 높이며, 심지어 시험을 기쁘게 여기라고 말하고 있습니다. 하나님 나라의 가치관을 이해하는 사람이 아니라면 도저히 받아들이기 어려운 말씀입니다.

출판을 기꺼이 허락해 주신 SFC출판부에 감사를 드립니다. 또한 추천의 글을 써 주신 고신대학교 이병수 전 총장님과 고려신학대학원 최승락 원장님께 깊은 감사를 드립니다. 이 책을 출판하게 된 출판의 기쁨을 은혜와평강교회 개척에 동참해주신 성도님들과 함께 하고 싶습니다. 마지막으로 두 번째 교회개척인데도 기꺼이 함께해 준 아내와 두 아들 그리고 며느리들과도 함께 하고 싶습니다.

2023년 12월
변성규

야고보서 1장

삶으로 주님을 높입시다

"「하나님과 주 예수 그리스도의 종 야고보는 흩어져 있는 열두 지파에게 문안하
노라"
_야고보서 1장 1절

우리가 입으로 주님을 시인하고 높이는 것만큼이나 우리의 삶으로 주님을 높일 수 있다면 우리 사회는 더 아름답고 복된 사회가 될 것입니다. 우리나라에는 천국시민인 그리스도인들이 많습니다. 때문에 예수 그리스도를 구주로 믿는다는 고백을 여기저기서 들을 수 있습니다. 그러나 실제 삶의 현장에서는 그리스도인의 모습과 비그리스도인의 모습을 구분하기가 어렵습니다. 이러한 외식적인 그리스도인들을 향해 오늘날 세상은 그 어느 때보다 강하게 질타하고 있습니다. 이러한 시대에 우리의 잘못된 삶을 가장 잘 지적해주는, 그래서 어떻게 살아야 할까를 고민하는 그리스도인들에게 삶의 지침이 되어 주는 야고보서를 살피면서 하나님께서 주시는 은혜를 받기를 바랍니다.

야고보서는 누가 기록했을까?

야고보서를 기록한 사람에 대해서 다음과 같은 사람들을 생각해볼 수 있

습니다.

첫째로 생각해볼 수 있는 사람은 세베대의 아들 야고보입니다. 그는 요한의 형제였습니다마4:21. 예수님은 같은 가문에서 형제를 부르신 것입니다. 그는 시끄러운 사람이었습니다. 예수님이 붙여주신 별명이 '보아너게Βοανηργές(보아네르게스)'인데, 이는 '우레의 아들'이라는 뜻입니다막3:17. 즉 천둥소리의 아들이니 얼마나 시끄러운 사람이었겠습니까? 우리말로 표현한다면 기차 화통을 삶아 먹었다는 표현이 맞을 수 있겠습니다. 그런데 그는 성격도 급했다고 합니다. 예수님과 함께 사마리아 지방을 지날 때 그곳의 사람들이 예수님을 멸시하고 냉대하자, 야고보는 요한과 함께 "주님, 하늘에서 불이 내려와 그들을 태워 버리라고 우리가 명령하면 어떻겠습니까?"눅9:51-56(새번역)라고 말했습니다. 이러한 사람이 예수님을 3년간 가까이서 모시고 다니면서, 그리고 그 후 15년간 예루살렘에서 그리스도인으로 살아가면서 성격이 달라졌습니다. 그는 헤롯의 손에 의해 사도 중에 첫 번째 순교자가 됩니다행12:12.

우리가 지닌 복음은 예수님께서 십자가에서 죽으심으로 완성된 것입니다. 그 복음이 우리에게 전달될 때도 그리스도인들의 계속되는 죽음으로 전달된 것입니다. 우리 교회의 신앙과 전통이 후대에 바르게 전달되는 데도 수많은 죽는 일군들이 필요했습니다. 처음 교회의 토대가 되었던 사도들도 요한을 제외하고는 모두 순교했습니다. 이렇듯 복음은 죽음과 맞바꾸어져 우리에게 전달된 것입니다. 우리를 살리기 위해 죽어간 수많은 사람들이 있는데, 그중에서 첫 번째 사람이 바로 야고보였습니다. 그러나 그는 너무 빨리 죽었기 때문에 이 야고보서를 썼을 가능성이 매우 희박합니다.

둘째는 알패오의 아들 야고보를 생각해볼 수 있습니다. 그는 세베대의 아들 야고보와 구별될 수 있도록 '작은 야고보'라 불렸습니다. 그의 이름은 예수님이 열두 사도를 부르실 때마10:3와 예루살렘의 마가 다락방에서 120명의 성도가 함께 기도할 때^{행1:13}만 언급될 뿐입니다.

셋째로는 예수님의 형제 야고보가 있습니다. 예수님의 형제들이 예수님을 구세주로 인정하지 않았는데, 어떻게 그중에 성경을 기록할만한 사람이 있겠느냐고 의혹을 품을 수 있습니다. 그러나 그 문제는 고린도전서 15장 4-7절에서 해결됩니다. 즉 "성경대로 사흘 만에 다시 살아나사 …… 그 후에 야고보에게 보이셨으며"라는 구절을 보면, 야고보가 부활하신 예수님을 만났다는 것을 알 수 있습니다. 그는 예수님을 만난 후 새로운 삶을 살았을 뿐 아니라 예루살렘교회를 이끄는 중요한 지도자가 되었습니다. 그는 당시 교회 안에 유대파와 헬라파, 정통파와 이방인파 사이에 문제가 생겼을 때 지도자들을 모아 회의를 추진했습니다^{행15:6-21}. 사도 바울이 3년간 아라비아 광야에 있다가 예루살렘에 가서 만난 사람도 "주의 형제 야고보"였습니다^{갈1:18-19}. 갈라디아서에서는 바울이 그를 교회의 기둥같이 여긴다고 기록하고 있습니다. 사도행전 21장에서는 사도 바울이 3차 전도여행을 마치고 와서 야고보에게 보고하는 모습을 볼 수 있습니다. 또한 그는 다른 사도들이 다 흩어졌을 때 끝까지 남아 교회를 지키다가 스데반처럼 돌에 맞아 순교하기까지 했습니다. 그는 예수님의 가르침에 능통했음을 알 수 있는데, 이는 산상설교와 야고보서가 그 흐름뿐 아니라 강조점에서도 매우 비슷하다는 것에서 짐작할 수 있습니다.

흩어져 있는 열두 지파에게

야고보는 흩어져 있는 열두 지파에게 편지를 쓴다고 하였습니다. 그러나 사실 예수님 당시에는 열두 지파가 없었습니다. 그보다 여기서 열두 지파는 육신의 아브라함의 후예가 아니라 영적인 새 이스라엘을 뜻합니다. 즉 야고보는 예수 그리스도를 구주로 영접한 채 곳곳에 흩어져 있는, 영적으로 참 이스라엘 사람인 그리스도인들에게 편지를 쓴다고 말하고 있는 것입니다. 그러면 그리스도인들이 왜 흩어졌을까요? 당시 예루살렘 교회에는 복음이 충만했습니다. 그리스도인들은 모임에 열심이었고, 기쁨이 넘쳤으며, 성령으로 충만했습니다. 그런데 그런 예루살렘 교회에 무서운 핍박이 일어나 그리스도인들이 사방으로 흩어졌던 것입니다. 이런 점에서 우리는 흩어지는 연습도 잘해야 합니다. 교회에 모일 때는 예배도 잘 드리고 기도도 열심히 하는데, 세상으로 흩어져 가정과 사회에 나가면 신앙이 없는 사람과 다를 바 없는 그리스도인이 되곤 합니다. 하지만 세상으로 흩어져서 참 그리스도인의 삶을 사는 것이 정말 중요합니다. 여기서 흩어졌다는 말은 세상에 흩어져 살면서 복음을 증거하라는 요구이기도 합니다.

자신을 종δοῦλος(둘로스)으로 소개하는 야고보

야고보는 예수님의 동생이었으나 그 혈육에 대한 언급이나 자랑은 일절 하지 않습니다. 오히려 그는 예수님께 대한 믿음과 헌신의 표시로 자신을 예수 그리스도의 종이라고 고백합니다. 이로써 그는 오직 은혜 받은 신앙인으로서 예수님의 종이 된 것을 천하에 알리고 있는 것입니다. 그래서 야고보서는 예수 그리스도를 인생의 주인으로 고백한 사람이 온전한 삶을 살아가기 위해 기록된 것이라 할 수 있습니다. 이 서신에서 많이 나오는 단어 중 하나가 '온전하다'란 단어입니다. 여기에는 '장성하다'라는 의미, '이루다'라는 의미, '성숙하다'라는 의미 등 다양한 의미가 포함되어 있습니다.

온전함에 이르지 못하는 이유

야고보서에서는 우리가 온전함에 이르지 못하는 이유들을 다섯 가지로 이야기합니다.

첫째, 성급함 때문에 일의 온전함을 이루지 못한다고 합니다. 즉 성미가 급한 것을 경계하는 말입니다. 그러므로 인내하라고 권면하고 있습니다.

둘째, 행함이 없으면 온전함을 이루지 못한다고 합니다. 당시에는 믿음으로 구원을 얻는 영광에 관해 널리 알려져 있었습니다. 그런데 그 영광스러운 복음을 곡해한 사람들이 믿음으로 구원을 받는 것이기 때문에 행동은 필요가 없다고 주장했습니다. 하나님만이 우주의 주권자이시므로 사람은 아무것도 안 해도 하나님이 다 해주신다는 것이었습니다. 그들은 그리스도인의 책임과 윤리를 잘 알지 못했으며, 따라서 일반 사람들에게 하나님이 함께 하시는 삶의 영광을 보여주지도 못했습니다. 이에 관해 야고보서는 행함이 없는 복음은 그 자체로 죽은 것이라고 강하게 말합니다.

셋째, 혀를 조심할 것에 관해 말합니다. 야고보는 우리의 혀가 다른 사람에게 타격을 줄 뿐 아니라 우리의 신앙이 온전해지는 데도 방해가 된다고 지적합니다. 사실 말의 실수가 없는 사람은 없습니다. 그러나 그렇다 하더라도 말의 실수가 우리의 온전함에 방해가 된다는 사실을 잘 알고 혀의 성숙을 위해 더욱 기도해야 할 것입니다.

넷째, 시기와 다툼이 온전함을 헤친다고 말합니다. 그리스도인들 사이에 비교의 조건이 한 가지라도 갖추어질 경우, 언제 어디서든 그 비교하는 대상에 대해서 시기와 다툼이 일어날 수 있습니다. 그러므로 다른 사람과 비교하지 않는 삶의 자세가 매우 중요합니다.

다섯째, 물질에 대한 욕심과 애착이 우리의 신앙 성숙을 저해한다고 말합니다. 이러한 다섯 가지를 조심하고 온전함에 이르는 길은 우리의 힘과 능력으로는 불가능한 일입니다. 그럼에도 하나님은 우리에게 그와 같은 높은 수준을 제시하며 온전함을 이루는 삶을 살아갈 것을 요구하십니다. 그리고 우리 안에서 성령님의 힘과 능력으로 일해 가십니다. 그러므로 우리는 믿음으로 순종하며 주의 말씀을 따라 살기만 하면, 이 온전함을 향해 날마다 자라갈 수 있습니다.

문안인사

　야고보는 흩어져 있는 천국시민인 그리스도인들에게 특별히 문안χαίρειν(카이레인) 인사를 하고 있습니다. 이 인사는 기쁨χαίρω(카이로)이나 행복의 뜻을 담고 있는 전형적인 헬라식 표현의 인사입니다.

　이상의 내용들을 포함해서 우리는 야고보서를 기록한 야고보의 마음을 잘 헤아리고 그를 본받아 하나님과 주 예수 그리스도의 종으로 살기 위해 힘쓰도록 합시다. 그리하여 우리의 온전한 삶으로 하나님을 높이는 자들이 됩시다.

시험을 기쁘게 여깁시다

"¹하나님과 주 예수 그리스도의 종 야고보는 흩어져 있는 열두 지파에게 문안하노라 ²내 형제들아 너희가 여러 가지 시험을 당하거든 온전히 기쁘게 여기라 ³이는 너희 믿음의 시련이 인내를 만들어 내는 줄 너희가 앎이라 ⁴인내를 온전히 이루라 이는 너희로 온전하고 구비하여 조금도 부족함이 없게 하려 함이라"

_야고보서 1장 1~4절

야고보라는 이름은 유대 사회에서 보편적인 이름이었습니다. 그리고 야고보서를 기록한 야고보는 예수님의 동생이었습니다. 그는 예수님 생전에는 믿음이 없었지만, 예수님이 부활 승천하신 후 믿음을 가지고 오순절에 성령 충만함을 받았습니다. 그 후 야고보는 존경받는 예루살렘교회의 지도자가 되어 초대교회의 기틀을 다지는 데 크게 영향력을 미쳤습니다. 당시 정세는 로마제국이 유대를 지배하고 있었고, 예루살렘에 있는 백성들은 기근행11:28-30과 착취로 가난한 상태였습니다. 특히 예루살렘에 있는 그리스도인들은 스데반의 순교와 박해 사건을 계기로 도처로 뿔뿔이 흩어졌으며행8:1,2, 사도 야고보는 순교했고, 베드로는 투옥되었다가 가까스로 피신하는 등 어려운 시기를 보내고 있었습니다행12:1-19. 이런 역사적 배경에서 야고보는 예루살렘 교회의 지도자로서 목자의 따뜻한 마음으로 온 세계에 뿔뿔이 흩어진*διασπορᾷ*(디아스포라) 유대 그리스도인들에게 위로와 격려의 편지를 쓴 것입니다1절.

깊은 사랑의 표현

야고보는 먼저 흩어져 있는 그리스도인들에게 "내 형제들아*ἀδελφοί μου*(아델포이 무)"라고 부릅니다. 당시에 예수님을 믿는다는 것은 고통을 뜻했습니다. 어떤 어려움을 당할지 모르는 삶을 견뎌야 하는 것이 당시 믿음을 가졌던 사람들의 일상이었습니다. 오늘날 대부분의 현대인들은 마음이 답답하고 평안을 잃고 불안할 때 믿음을 찾지만, 야고보 당시에는 믿음을 갖는 것이 오히려 생명을 잃을 수 있는 위험과 불안을 초래하던 때였습니다. 그런 상황에서 그리스도인들을 향해 "내 형제들아"라고 부르는 것은 그야말로 깊은 사랑의 표현이 아닐 수 없습니다.

문제를 극복하는 데 도움이 되는 삶의 진실들

야고보는 그리스도인들이 당하고 있는 문제와 환난, 시험에 대해 말합니다. 당시 로마제국의 지배 아래에서 그리스도인들이 겪은 어려움에는 비할 바가 안 되겠지만, 그래도 오늘날 이 시대를 살아가는 그리스도인들도 나름대로 여러 가지 어려움을 겪고 있습니다. 우리나라의 정치, 경제, 사회, 안보 등의 불안으로 말미암는 공통적인 어려움은 물론이거니와, 그런 상황에서도 신앙을 지켜야 하는 데 따르는 어려움도 많습니다. 야고보는 우리가 직면한 이러한 어려움들을 극복하는 데 도움이 될 만한 네 가지 삶의 진실을 가르쳐 줍니다.

첫 번째 삶의 진실은 문제는 언제 어디서나 반드시 있다는 것입니다. 본문 2절에서 야고보는 "너희가 여러 가지 시험을 당하거든"이라고 말하는 것으로만 그치지 않습니다. 그는 한 걸음 더 나아가 "너희가 여러 가지 시험을 당하거든 온전히 기쁘게 여기라"고 말합니다. 만일 우리의 삶에 문제가 없다면 자신의 맥박이 뛰고 있는지 점검해 보시기 바랍니다. 문제가 없는 사람은 죽은 사람뿐입니다. 이것이 삶의 진실입니다. 문제들은 삶의 선택사항이 아닙니다. 그것들은 삶의 필수사항입니다. 문제가 싫다고 해서 그것을 피할 수 있는 사람은 아무도 없습니다. 그 누구도 문제들로부터 면제될 수 없습니다. 그래서 야고보는 오히려 시험을 당하거든 온전히 기쁘게 여기라*ἡγήσασθε(에게사스쎄)*고 명령형으로 말하고 있는 것입니다. 사실 야고보서는 모두 108절로 구성되어 있는데, 그중에서 54절이 명령형으로 되어 있습니다. 이 구절을 바르게 번역하면 '시험을 당하거든 온전한 기쁨*πᾶσαν χαράν(파산 카란)*이라고 마음에 새기라'로 번역할 수 있습니다. 즉 성도들이 갖가지 시험을 당할 때 소극적으로 기뻐하는 것이 아니라, 능동적이고도 적극적으로 기뻐하라는 뜻입니다.

두 번째 삶의 진실은 문제는 누구도 예측할 수 없다는 것입니다. 본문의 "시험을 당하거든"에서 '당하다*περιπέσητε(페리페세테)*'라는 말은 '예상치 못하게 빠져들다'라는 뜻입니다. 선한 사마리아인의 비유에서 여리고로 내려가는 사람이 강도를 만난 것은 예상치 못한 일이었습니다. 마찬가지로 우리가 당하는 시험도 계획된 것이 아닙니다. 대개의 시험들은 예상하지 못하게 찾아옵니다. 그러나 어쩌면 예상하지 못하는 것이 더 좋은 것일 수도 있습니다. 왜냐하면 시험을 예상하게 되면, 그로 말미암아 미리 걱정하게 되거나, 또는 다른 길로 피함으로써 그 시험들에서 얻을 수 있는 유익들을 놓치게 될 수도 있기 때문입니다.

세 번째 삶의 진실은 문제는 모두 가지각색이라는 것입니다. 삶의 문제들은 여러 가지 형형색색의 모습으로 우리에게 다가옵니다. 그래서 어쩌면 우리의 삶이 지루하지 않을 수 있는 것인지도 모릅니다. 그리고 이런 진실을 알고 삶의 여유를 가질 수 있다면, 우리 앞에 닥친 문제를 해결하는 데 훨씬 도움이 될 것입니다.

네 번째 삶의 진실은 모든 문제에는 뜻이 있다는 것입니다. 아픔은 창조적일 수 있으며, 압박감은 무엇인가를 생산해 낼 수 있고, 고통은 무엇인가를 이룰 수 있습니다. 그것들은 모두 우리의 삶에서 나름대로 가치가 있는 것들입니다. 그러므로 우리는 위기가 기회이기도 하다는 것을 알아야 합니다. 정치나 경제, 사회, 안보에서의 위기가 오히려 우리에게 신앙의 기회일 수도 있습니다.

문제를 기쁘게 여길 때 얻게 되는 것들

삶의 문제를 기쁘게 여길 때, 그것은 우리에게 다음과 같은 세 가지 의미를 더해줍니다.

첫째, 우리의 믿음을 순결하게 해줍니다. 그리스도인들은 외부로부터 여러 가지 시험을 받을 때 믿음으로 그 시련을 극복하려고 참고 애씁니다. 간절히 기도하면서 말씀을 붙들고 당면한 시련을 극복하고자 합니다. 그러는 동안에 그리스도인들의 인내심이 키워지고 믿음도 더욱 강해집니다. 하나님은 각양각색의 시험 뒤에 계시면서 그리스도인들의 믿음을 테스트하십니다.

둘째, 우리의 인내심을 길러줍니다. 롬 바르디는 "길이 험해지면 강한 자만이 계속 전진할 수 있다."라고 말했습니다. 인내는 삶의 힘겨운 상황들에 적극적으로 반응하는 확장된 믿음이라 할 수 있습니다. 인내는 시간을 필요로 합니다. 우리가 조급하게 인내하지 못하므로 우리를 향한 하나님의 계획이 망치게 되어서는 안 됩니다. 우리 안에 시작하신 하나님의 계획은 우리의 온전한 인내를 통해서 완성되는 것이기 때문입니다.

셋째, 우리의 인격을 성화시킵니다. 우리의 삶을 향한 하나님의 목적은 우리로 하여금 그리스도를 닮도록 하는 것입니다. 그런데 때때로 하나님은 성령의 열매와 정반대의 상황으로 우리를 밀어 넣으심으로써 그리스도를 닮는 길을 가르치십니다. 왜냐하면 종종 사랑은 불친절한 사람들 사이에서, 기쁨은 슬픈 상황 속에서, 평화는 혼잡스러운 상황 속에서, 인내는 그것을 기다리는 시간을 통해서 배워갈 수 있기 때문입니다.

온전히 이루라

4절에서 "인내를 온전히 이루는" 것과 "온전하고 구비하여"는 죄 없는 완벽함을 의미하는 것이 아닙니다. 오히려 그것은 바울이 고백한 것처럼 '푯대를 향하여 끊임없이 달려가는'빌3:14 성숙한 신앙을 의미합니다. '온전히 이루라'는 것은 하나님을 향해 신뢰하며 소망을 두고 끝까지 견디는 일을 아름답게 이루라는 말입니다. 이와 관련된 대표적인 인물이 요셉입니다. 그는 형들의 미움, 보디발 아내의 모함, 그리고 왕궁의 옥에 갇힘 등으로 시험을 받았지만, 끝까지 인내를 온전히 이룸으로써 결국 애굽의 총리가 되고 그의 가족을 살렸습니다.

에베소서 2장 10절에서는 "우리는 그의 만드신 바"라고 말합니다. 여기서 '만드신 바ποίημα(포이에마)'는 신약의 재창조 행위로서 성도의 구원행위를 나타내는 말입니다. 영어 성경에서는 이를 '걸작품workmanship'으로 표현합니다. 그렇습니다. 하나님은 우리를 최고의 걸작품으로 만들길 원하십니다. 우리가 시험을 잘 통과하여 성숙하고 온전하게 되기를, 모든 것에 부족함이 없기를 바라십니다. 이것이 바로 예수 그리스도의 모습이며, 하나님이 우리에게 기대하시는 바입니다. 그러므로 시험을 당하거든 적극적으로 온전하게 기쁨으로 맞이하며, 인내하며 전진합시다. 오늘날 같은 어려운 시기에 우리가 기뻐하며 인내하면, 시간이 지난 뒤에 우리는 더욱 성숙한 모습으로 변화될 것입니다.

지혜를 구합시다

"⁵너희 중에 누구든지 지혜가 부족하거든 모든 사람에게 후히 주시고 꾸짖지 아니 하시는 하나님께 구하라 그리하면 주시리라 ⁶오직 믿음으로 구하고 조금도 의심 하지 말라 의심하는 자는 마치 바람에 밀려 요동하는 바다 물결 같으니 ⁷이런 사람 은 무엇이든지 주께 얻기를 생각하지 말라 ⁸두 마음을 품어 모든 일에 정함이 없는 자로다"

_야고보서 1장 5~8절

1997년 봄, 서울 강남 모 중학교 한 반에서 외제품 사용 실태조사를 한 결과 국산품/외제품의 현황이 가방 5/45, 운동화 6/44, 청바지 16/34, 시계 8/17, 필기구 136/185로 나타났습니다. 그런데 그해 겨울 IMF 구제금융이 시작되었고, 그 심각성을 학생들도 느꼈는지 교사 이 모 씨는 "학생들이 달라졌다."라고 말했습니다. 전에는 외제운동화를 신지 말라고 해도 들은 척도 안 했던 학생들이 이제는 '외제' 얘기만 나오면 금방 숙연해진다는 것이었습니다. 그리고 2019년 일본이 한국법원의 징용배상 판결 때문에 우리나라를 향해 무역 규제를 시작했을 때도 우리 국민은 그동안 무감각하게 일본 수입품을 써왔던 것을 반성하게 되었고, 그래서 곧바로 일본제품 불매운동을 벌이게 되었습니다. 이처럼 우리는 당면한 문제의 진실을 알게 될 경우, 그에 따라 어떻게 행동해야 할 것인지를 고민하게 됩니다.

야고보는 핵심 단어나 어구로 구절들을 연결함으로써 성도들에게 효과적으로 의사전달을 합니다. 즉 3절 하반절에서 강조한 "인내"라는 단어를 4절 서두에 바로 사용하거나, 4절 하반절에서 이야기한 "부족함이 없게"라는 어구를 바로 5절에서 "너희 중에 누가 지혜가 부족하거든"이라는 어구로 다시 사용하는 것입니다. 그리고 이런 식으로 부족함을 강조한 뒤 바로 이어 5절 하반절에서 후히 주시고 꾸짖지 아니하시는 하나님께 지혜를 구하라고 권고합니다. 그런데 지혜가 무엇입니까? 어떤 학자는 지혜를 '모든 사물과 사건을 하나님의 견지에서 볼 수 있는 능력'이라고 했습니다. 그렇습니다. 하나님의 관점에서 사물을 보기 시작하면 모든 일에 여유가 생기고 또 쉬워집니다.

자신의 부족함을 깨닫기

야고보는 시험을 당했을 때 그 시험을 극복하는 것과 관련해서 먼저 "너희 중에 지혜가 부족하거든"이라고 말합니다. 사실 자의식이 강한 사람일수록 실제로는 지혜가 없는 사람일 수 있습니다. 지혜는 영리하다는 것과 다릅니다. 물론 공부를 잘한다는 것과도 다릅니다. 지혜가 있다는 것은 오히려 자신에게 참 지혜가 없다는 것을 깨달을 때 시작됩니다. 여러분은 어떻습니까? 혹시 자신에게 지혜가 없다고 느끼십니까? 그렇다면 오히려 감사하십시오. 그런 사람에게 하나님의 지혜가 가까이 있기 때문입니다. 우리는 자신의 욕심과 유익을 구하는 데서는 매우 영리합니다. 심지어 지혜롭기까지 합니다. 그러나 다른 사람들을 살리고 하나님께 영광을 돌리는 것과 같은 하나님의 뜻을 성취하는 일에서는 본질적으로 지혜롭지 못합니다. 그렇기 때문에 우리의 눈으로 보는 것이 아니라 하나님의 눈으로 인생을 바라볼 수 있어야 합니다. 그리할 때 인생에 관한 참된 지혜와 안목을 얻을 수 있을 것입니다.

하나님께 지혜를 구하기

우리 인생에서 겪게 되는 모든 시험과 환난은 우리의 생각과 꾀로는 이겨낼 수 없고, 오직 하나님이 주시는 하늘의 지혜로서만 이겨낼 수 있습니다. 하나님이 주시는 지혜σοφία(소피아)는 시험과 환난을 이겨낼 수 있게 하는 '실제적인' 지혜이며 '신적인' 지혜이기 때문입니다. 그러므로 시험과 환난을 이기기 위해서는 주저하지 않고 하나님께 지혜를 구해야만 합니다. 하나님은 지혜의 근원이시기 때문에 모든 지혜는 궁극적으로 하나님께 속합니다. 하나님은 무한한 지혜의 보고이시기도 합니다. 그래서 지혜를 구하는 모든 그리스도인들에게 그분의 지혜를 아낌없이 주십니다. 결코 꾸짖지 않으십니다. 오히려 넘치도록 주십니다롬8:3. 주시는 것이 하나님의 특징이요 성품이기 때문입니다. 그러므로 그리스도인들은 어린아이와 같이 순전한 마음으로 구하면 됩니다. "구하라αιτείτω(아이테이토)"는 단어는 한 번이 아니라 되풀이하여 구하라는 현재 명령형입니다. 주시는 분은 하나님이시지만 구하는 자는 믿음을 지닌 그리스도인입니다.

독일 나치 수용소에서 포로 생활을 했던 유대인 심리학자 빅터 프랭클은 그의 책『죽음의 수용소에서』에서 "그들은 내 옷을 벗겼다. 내 시계, 결혼반지 등 나의 모든 것을 가져갔다. 벌거벗긴 채로 서 있었을 때 갑자기 깨달은 것이 있었다. 비록 그들이 내 아내와 가족, 소유의 모든 것을 빼앗아 갈 수는 있지만 내가 어떻게 반응할 것인가를 선택할 자유는 빼앗아 갈 수 없다는 것을 깨달았다."라고 말했습니다. 우리도 그런 상황에서 하나님께 기도하는 것을 선택할 수 있습니다. 우리는 항상 기도해야 하지만 문제를 만났을 때는 특별히 더 기도해야 합니다. 그 문제를 이겨낼 수 있는 지혜를 달라고 기도해야 합니다. 왜냐하면 그 문제는 우리가 성장할 수 있는 기회이기도 하기 때문입니다.

우리는 문제를 통해서 배워야 합니다. 문제에 압도되는 것은 우리가 하나님이 무엇을 하고 계시는지 이해하지 못하기 때문입니다. 지혜는 삶을 하나님의 관점으로 보는 것입니다. 서울에 위치한 '장한평 중고 자동차 시장'은 1990년대에 하루 평균 100여대를 판매하는 호황을 누렸습니다. 하지만 2000년대부터는 거래량이 급락하면서 하루 20대도 팔지 못하는 날이 계속된 적이 있었답니다. 그런데 이 위기를 타개하기 위해 발 벗고 나선 단체가 '장한평 기독 신우회'입니다. 그들은 150명이 날마다 모여 적극적으로 경기회복과 종사자들의 신앙을 위해 기도했습니다. 그러면서 문제를 대하는 그들의 관점도 달라졌습니다. 과거 장사가 잘될 때는 시장 주변에 유흥업소가 즐비해서 전도가 어려웠는데, 지금은 오히려 복음전파의 호기가 될 수 있다고 판단하게 된 것입니다.

확신을 가지고 하나님께 구하기

하나님은 우리의 삶에서 무엇이 가장 좋은가를 가장 잘 알고 계십니다. 때문에 우리는 그런 하나님을 신뢰해야 합니다. 같은 실수를 반복하지 않도록 하나님의 뜻과 계획에 맡겨야 합니다. 그것이 소위 '믿음'이라고 말하는 것입니다. 믿음은 어떤 환난과 역경 속에서도 지속적으로 하나님을 온전히 신뢰하는 것입니다. 6절에서는 "오직 믿음으로 구하고 조금도 의심치 말라"고 합니다. 그렇습니다. 믿는 사람의 마음에는 의심이 없고, 의심하는 사람의 마음에는 믿음이 없습니다. 하나님은 우리에게 심지 깊은 믿음을 요구하십니다. 아마도 우리 중 어떤 사람들은 지금 매우 힘든 때를 보내고 있을 수도 있습니다. 그러나 하나님은 여전히 그들도 돌보고 계십니다. 그러므로 하나님이 반드시 지금의 상황을 이겨낼 수 있도록 하실 것임을 믿고 기도하며 기뻐하시기 바랍니다. 하나님을 깊이 신뢰하는 믿음이 없이는 하나님을 기쁘시게 할 수 없습니다히11:6.

야고보는 "조금도$_{μηδὲν}$(매덴)"라는 형용사를 추가하여 그리스도인들 가운데 의심하는 자가 없도록 당부하고 있습니다. '의심하다*διαχρινόμενος*(디아크리노메노스)'라는 분사는 마음이 나뉘는 상태, 즉 두 견해 사이에서 갈팡질팡하는 모습을 묘사합니다. 야고보는 이 모습을 갈릴리에서 살았던 경험을 바탕으로 "바다 물결"이라는 이미지에 비유합니다. 마치 물결이 바람에 밀려 왔다 갔다 하듯이, '의심'이라는 나뉜 마음이 사람의 마음속에서 왔다 갔다 요동한다는 것입니다. 다시 말해, 하나님 중심의 생각과 자기중심적 생각이 마음속에서 갈팡질팡한다는 것입니다. 이런 사람은 하나님께로부터 지혜만이 아니라 그 어떤 것도 얻을 생각을 하지 말아야 합니다7절. 왜냐하면 하나님의 능력과 약속을 의심하는 자는 결국 자기중심적 생각 또는 세상 중심적 생각을 더 의지하고 그것을 따를 것이기 때문입니다. 하나님께 도움을 구하면서 하나님보다 세상 것을 더 의지하는 사람의 위선적인 간구를 하나님이 들어주시겠습니까? 하나님은 그리스도인들에게 신뢰를 요구하십니다.

야고보는 의심하는 사람의 모습을 바다 물결에 이어 "두 마음을 품은 자"와 "정함이 없는 자"로 묘사합니다8절. 두 마음을 품은*δίψυχος*(딥쉬코스) 사람은 하나님을 의지하는 영혼과 세상을 의지하는 영혼이 함께 마음에서 공존하여 갈팡질팡하는 사람입니다. 그런 사람은 하나님도 섬기고 세상도 섬기는 이중적인 인격을 지닌 자입니다. 그런 사람의 삶의 태도에는 "정함이 없습니다불안정함". 하나님은 이런 사람을 그분과 상관없는 자로 치부하시고, 그의 간구를 거절하십니다.

그러므로 이제 우리는 하나님을 믿고 의지하는 그리스도인들로서 여러 가지 시험을 당할 때, 오히려 온전히 기쁘게 여기고 하나님께 지혜를 구하도록 합시다. 조금도 의심하지 말고 믿음으로 기도합시다.

지혜로운 결심을 합시다

"⁵너희 중에 누구든지 지혜가 부족하거든 모든 사람에게 후히 주시고 꾸짖지 아니하시는 하나님께 구하라 그리하면 주시리라 ⁶오직 믿음으로 구하고 조금도 의심하지 말라 의심하는 자는 마치 바람에 밀려 요동하는 바다 물결 같으니 ⁷이런 사람은 무엇이든지 주께 얻기를 생각하지 말라 ⁸두 마음을 품어 모든 일에 정함이 없는 자로다"

_야고보서 1장 5~8절

2000년 2월 22일에 서울의 신촌을 건전한 문화의 거리로 만들기 위해 연세대 총학생회가 '신촌 문화 개혁을 위한 우리들의 목소리'라는 성명을 냈습니다. 별것 아닌 것 같지만 세상을 바꿀 수 있는 작은 운동이었습니다. 실제로 그로부터 한 달 뒤 신촌 주변의 여섯 교회들도 이 운동에 동참한다고 발표했습니다. 4월 20일에는 연세대 총장을 비롯한 많은 교수들과 사회각계인사들이 연세대 총학생회와 연대를 선언했습니다. 그리고 신촌을 제2의 대학로로 지정해 줄 것을 서울시에 건의하기로 했습니다. 결국 어느 기업체 사장이 적자를 감수하고 신촌의 한 유흥업소를 인수해 대형서점을 열었고, 총학생회가 이를 직접 운영하도록 하겠다는 뜻을 밝혔습니다. 그것은 이 시대를 향한 지혜로운 결심이었습니다.

하나님의 말씀에는 이 같은 지혜로운 결심어떻게 하기로 자신의 뜻을 확실히 정함을 내리는 데 필요한 원리들이 담겨있습니다. 오늘 본문에서도 "하나님께 지혜를 구하라"고 하지 않았습니까! 그 지혜가 바로 하나님의 말씀에 있습니다. 그런데 최근 한국인의 의식구조에 관한 어떤 조사에 의하면, '법대로 하면 손해 본다'가 54.5%, '돈이면 안 되는 것이 없다'가 65.5%라고 합니다. 만약 사람들이 이런 조사결과와 같은 방식으로 판단하고 있다면, 그들에게서 지혜로운 결심은 찾아보기가 어려울 것입니다. 그러면 어떤 문제들이나 어려운 일들을 앞에 두고서 하나님께 지혜를 구한 다음, 그에 따라 행동하기 위해 지혜로운 결심을 하려고 할 때 하나님의 말씀 안에 담겨있는 원리들은 무엇일까요?

하나님의 인도하심을 구하기

어떤 일이든 그 일에 착수하기 전에 먼저 하나님의 시각으로 그 일을 바라보아야 합니다. 잠언 28장 26절에서는 "자기의 마음을 믿는 자는 미련한 자요 지혜롭게 행하는 자는 구원을 얻을 자니라"고 했습니다. 우리 모두는 일어난 사태에 대해서 대개 막연한 느낌을 가지게 됩니다. 그러나 이러한 느낌은 하나님께로부터 나온 것이 아닙니다. 우리에게는 '나는 이렇게 생각한다.'라는 식의 단순한 직감이나 본능적인 느낌보다 더 뛰어나고 위대한 무엇이 필요합니다. 그것은 우리가 어떤 결단을 내릴 수 있는 근거가 되는 절대적인 진리입니다. 이를 얻기 위해서는 무엇보다 그리스도의 평강이 우리의 마음을 주장하게 해야 합니다. 하나님의 평강이 그리스도 예수 안에서 우리의 마음과 생각을 지키도록 해야 합니다빌4:6-7. 결코 우리의 감정이 우리를 이끌도록 해서는 안 됩니다.

사실을 파악하기

어떤 것에 대해 결심하기에 앞서서 우리가 할 수 있는 모든 일들을 찾는 데서는 신앙과 현실 사이에 모순이 있을 이유가 없습니다. 그렇기 때문에 결단하기에 앞서 우리는 먼저 사실 관계를 파악해야 합니다. 잠언 13장 16절에서는 "무릇 슬기로운 자는 지식으로 행하거니와"라고 했습니다. 미국 노동부의 통계에 따르면, 새롭게 사업을 시작한 사람의 90%가 5년 안에 망한다고 합니다. 왜냐하면 사업에 대해서는 그야말로 무지한 채 단지 열정 하나만을 가지고 사업을 시작했기 때문입니다. 비록 아무리 기발한 아이디어를 가지고 있다 하더라도 그 사업과 관련된 사실관계를 파악하지 못한다면 사업에 성공할 수가 없습니다. 최소한 자기가 하고자 하는 사업에 대한 시장조사부터 철저히 해야만 합니다.

조언을 구하기

우리의 결단과 비슷하게 결단한 경험이 있는 사람들이나 우리의 약점을 잘 아는 친구들의 조언을 구하는 것도 결단하기 전에 꼭 해야만 하는 일입니다. 잠언 24장 6절에서는 "승리는 지략이 많음에 있느니라"고 했습니다. 포드 자동차의 창립자인 헨리 포드는 성공의 비결을 묻는 사람에게 "지혜로운 결단이 나의 성공의 비결입니다."라고 말했다고 합니다. 그러자 그가 "어떻게 하면 지혜로운 결단을 내릴 수 있습니까?"라고 물었습니다. 포드는 "경험에서 배웁니다."라고 대답했습니다. 그러자 이번에는 다시 "그러면 어떻게 해야 경험을 얻을 수 있습니까?"라고 물었습니다. 포드는 "경험이란 어리석은 결정을 하면서 얻게 되는 것입니다."라고 대답했습니다. 그렇습니다. 자신의 경험으로부터 무언가를 배울 수 있는 사람은 지혜로운 사람입니다. 그러나 다른 사람의 경험으로부터 배울 수 있는 사람은 더 지혜로운 사람입니다. 왜냐하면 우리에게는 모든 것을 경험할 수 있는 시간이 없기 때문입니다. 그러므로 다른 사람의 경험이 담긴 책을 많이 읽어야 합니다. 그중에서도 특히 하나님의 말씀인 성경을 많이 읽어야 합니다. 그러면 그 안에 담긴 위대한 인물들의 경험들로부터 많은 것들을 배울 수 있을 것입니다. 다른 사람에게서 조언을 구하지 않는 자는 배우려고 하지 않는 사람입니다. 그리고 배우지 않는 사람은 결코 성공적인 삶을 살 수 없습니다. 그래서 성경은 '교만한 자는 어리석은 자'_{잠14:3}요 '지혜와 겸손은 함께 있다'_{잠11:2}고 말하는 것입니다.

비용을 계산하기

모든 결심에는 대가가 따릅니다. 설령 별것 아닌 것처럼 보이는 사소한 결단이라 하더라도 그 나름의 대가가 따르는 법입니다. 그래서 잠언 20장 25절에서는 "함부로 이 물건을 거룩하다 서원하고 그 후에 살피면 그것이 그물이 되느니라"고 말합니다. 즉 생각 없이 내린 결정, 사전에 숙지하지 않고 만든 약속, 대가를 먼저 생각해 보지도 않은 헌신 등이 모두 우리에게 그물이 된다는 것입니다. 예수님을 구주로 믿고 교회에 다니는 사람이라 하더라도 그리스도께 헌신하는 일에 결단하고자 할 때는 시간을 가지고 해야 합니다. 복음과 하나님의 말씀에 대해 또는 그리스도께 삶을 바칠 때 자신이 얻게 될 유익에 대해서 진지하게 고려한 사람이라면, 결국 올바른 결단을 내리게 될 것이라 확신합니다. 그런데 많은 유익을 바란다면 그만큼 많이 투자해야 합니다. H. L. 헌트는 말하기를, "인생을 성공으로 이끄는 데는 두 가지 요인이 있다."라고 했습니다. 하나는 자신이 정말로 원하는 것이 무엇인지를 결정하는 것이고, 다른 하나는 그것을 얻기 위해서 기꺼이 대가를 치르겠다고 단호하게 결단하는 것입니다.

문제에 대해 준비하기

무엇을 믿을 때는 그에 관해 최선을 기대해야 합니다. 마찬가지로 하나님을 믿는다면, 하나님이 우리의 삶을 최선으로 이끄실 것이라고 기대해야 합니다. 그러나 그와 함께 앞으로 겪게 될 삶의 문제들에 대해서도 동시에 준비해야 합니다. 다음은 1997년에 제가 미국의 포코노Pocono 한인교회에서 집회를 인도할 때, 그 교회의 이정길 장로님께 들은 이야기입니다. 미국의 동부 해안가에서 살던 어떤 사람이 해일 때문에 시카고로 이사를 했다고 합니다. 그런데 시카고는 너무 추워서 이번에는 서부로 이사를 했습니다. 하지만 서부에는 지진이 심했습니다. 그래서 그는 다시 하와이로 갔다가 거기서 교통사고로 죽었다고 합니다. 그렇습니다. 문제에 직면했을 때 그 문제를 회피하는 것은 문제 해결에 아무 도움이 되지 않습니다. 문제를 해결하기 위해서는 먼저 문제에 대해서 잘 준비해야 합니다. 그런데 문제를 잘 준비하는 참된 열쇠는 하나님을 신뢰하는 것을 배우는 것입니다.

두려움에 맞서기

지혜로운 결심을 위해서는 무엇보다 두려움에 맞설 수 있어야 합니다. 우리가 어떤 일에 결단을 내리지 못하는 이유는 대개 두려움 때문입니다. 그런데도 우리는 자신이 그 일을 두려워하고 있다는 사실을 인정하려고 하지 않습니다. 그래서 자꾸 다른 변명을 합니다. 그러나 완벽한 상황을 기다리다가는 아무 일도 하지 못합니다. 하나님은 언제나 불완전한 상황에 처해 있는 불완전한 사람들을 통해서 그분의 뜻을 이루셨습니다. 우리는 삶에서 벌어지는 다양한 사건들 한 가운데서 용기를 가지고 그리스도께 헌신해야 합니다. 두려움을 극복할 수 있는 방법은 믿음밖에 없습니다.

한번 뿐인 우리의 인생을 더 이상 낭비하지 맙시다. 그리고 우리의 인생을 바꿀 수 있는 지혜로운 결심을 합시다. 이를 위해 하나님의 인도하심을 구하고,

사실관계를 잘 파악하고, 조언을 구하고, 비용을 계산하고, 일어날 문제에 대해 잘 준비하고, 두려움에 맞서도록 합시다.

지혜로운 결심과 행동

> "⁵너희 중에 누구든지 지혜가 부족하거든 모든 사람에게 후히 주시고 꾸짖지 아니하시는 하나님께 구하라 그리하면 주시리라 ⁶오직 믿음으로 구하고 조금도 의심하지 말라 의심하는 자는 마치 바람에 밀려 요동하는 바다 물결 같으니 ⁷이런 사람은 무엇이든지 주께 얻기를 생각하지 말라 ⁸두 마음을 품어 모든 일에 정함이 없는 자로다"
>
> _야고보서 1장 5~8절

저의 어릴 때 꿈은 군인이 되는 것이었습니다. 그래서 그랬는지 동네 아이들과 놀 때면 항상 전쟁놀이를 하곤 했습니다. 그러다가 중고등부 시절에 교회 연합수련회에 참석했다가 성령님의 감동을 받고 저의 꿈은 사람들을 구원의 길로 이끄는 목사가 되는 것으로 바뀌었습니다. 그런 다음부터 매주 토요일에 있었던 우리교회 중고등부 기도회는 늘 눈물바다가 되었습니다.

하나님은 우리 각자에게 삶에 대한 꿈을 주셨습니다. 이는 본문 5절에 있는 "후히 주시고 꾸짖지 아니하시는 하나님"이란 말씀에서도 알 수 있습니다. 때문에 하나님을 제대로 알게 되면 꿈을 꾸지 않을 수가 없습니다. 그러나 꿈이란 우리가 잠에서 깨어나 일하러 가지 않는다면, 그리고 그 꿈을 이루겠다고 결심하지 않는다면 아무 소용이 없는 것입니다. 그러니 가능한 꿈과 관련된 일을 시작하시기 바랍니다! 무엇보다 꿈을 이루겠다고 결심하시기 바랍니다. 세상에 꿈을 가진 사람이 열 명이라면 그 꿈을 위해 결단하는 사람은 그중 한 명에 지나지 않을 것입니다. 많은 사람이 꿈을 가지지만, 그 꿈을 이루기 위해 결심하고 행동하는 사람은 매우 적습니다.

믿음은 하나의 동사입니다. 믿음은 적극적이지 결코 수동적이지 않습니다. 믿음은 행동입니다. 결심은 행동을 하게 하는 믿음입니다. 우리는 믿음의 근육을 사용해야 합니다.

지혜로운 결심을 하는 사람은 투자해야 한다.

지혜로운 결심을 하려면 시간과 돈과 명예와 정력을 투자해야 합니다. 느헤미야는 페르시아에서 포로생활을 하는 가운데서도 출세했습니다. 그는 포로로 끌려온 나라에서 오늘날 장관에 해당하는 관직에까지 올랐습니다. 우리나라에서도 이자스민이라는 필리핀 여인이 1995년에 한국인과 결혼한 뒤 1998년에 귀화했는데, 결국 그녀는 19대 총선에서 새누리당 비례대표로 국회의원이 되기까지 했습니다.

페르시아에서 평탄한 생활을 하던 느헤미야에게 어느 날 고향인 예루살렘 소식이 들려왔습니다. 그것은 예루살렘 성이 허물어지고 성문이 불타고 훼파되어 모두 엉망이 되었다는 소식이었습니다. 이에 그는 예루살렘 성을 중건해야겠다는 꿈을 가지게 되었고, 이 일로 수일 동안 슬퍼하며 하나님께 금식했고 4개월간 계속 기도했습니다. 그리고 결국 페르시아 왕에게 고향에 돌아가서 일할 수 있게 해달라고 요청한 뒤 허락을 받았습니다. 그는 지혜로운 결심을 위해 4개월 동안 기도의 시간을 투자했던 것입니다. 뿐만 아니라 페르시아 왕이 그의 요청을 듣고 어떤 결정을 내릴지 모르는 두려움 가운데 페르시아에서 얻은 그의 지위와 명예를 투자했습니다. 포로의 신분이었음에도 왕의 신임 가운데 얻은 장관의 지위와 명예를 투자하는 것은 굉장히 어려운 일이었음에 틀림없습니다.

지혜로운 결심을 하는 사람은 포기해야 한다.

지혜로운 결심을 하고 그에 따른 행동을 하려 할 때는 대담하게 안락함을 내려놓는 모험을 해야 합니다. 모세는 하나님의 뜻을 행하고 그에 따라 자기 민족과 함께 고난 받기를 결심한 결과, 바로의 공주의 아들이라는 칭함을 거절해야 했고, 애굽에서 바로가 될 수 있는 가능성도 포기해야 했습니다히11:24-26. 그 당시 세계 최고의 나라에서 왕이 될 수도 있는 자리를 내어놓아야 했던 것입니다. 또한 왕궁에서 살 수 있는 권리를 포기하고 광야로 나가야 했던 것입니다. 오늘날 시대에는 미국 시민권조차 함부로 내어놓기가 쉽지 않은 데도 말입니다. 그런데 요즘 학생들의 수련회에서는 장소를 선정하는 것이 제일 큰 문제라고 합니다. 시설이 웬만히 좋지 않으면 학생들이 참석을 기피한다고 해서 그렇답니다. 그러나 은혜를 받기 위해서는 어쩌면 장소의 불편함을 감수하고 안락함을 포기할 수 있어야 하는 것인지도 모릅니다.

지혜로운 결심을 하는 사람은 용기 있게 앞으로 나아가야 한다.

지혜로운 결심을 하는 사람은 아브라함처럼 "너는 너의 본토 친척 아비 집을 떠나 내가 네게 지시할 땅으로 가라"창12:1는 하나님의 명령에 순종해야 합니다. 아브라함은 갈 바를 알지 못했지만 믿음으로 고향을 떠났다고 했습니다히11:8. 지혜로운 결심을 하기 위해서는 순종과 믿음이 중요합니다. 만약 베드로처럼 물 위를 걷고자 한다면 배에서 내려야 합니다. 베드로가 물 위로 걸어오시는 예수님을 바라보고 자기도 물 위로 걷게 해 달라고 요청하자, 예수님은 베드로에게 물 위로 오라고 말씀하셨습니다. 베드로는 예수님의 말씀에 힘입어 배에서 내려 물 위로 걸어갔습니다마14:28-29. 한편 공중곡예의 곡예사들도 다른 그네를 잡기 위해서는 먼저 자기 그네를 놓아야 합니다. 마찬가지로 만약 우리가 현재 붙들고 있는 것들을 놓지 않고서 하나님이 원하시는 꿈을 붙잡으려고 한다면, 그것은 이쪽 그네에서 저쪽 그네로 옮겨 타지 못한 채 다시 뒤로 돌아가는 것과 같은 것입니다. 하지만 그렇게 될 경우 결국 그 그네에서 내리는 유일한 방법은 거기서 떨어지는 것뿐입니다.

하나님의 영광을 위한 꿈은 말씀에 귀를 기울일 때 가능하다.

다른 사람을 구원하기 위한 꿈은 그들의 얘기를 들어줄 때 가능합니다. 야곱은 아버지와 형을 속이고 외가로 가고 있었습니다. 많은 면에서 부족한 야곱이었는데도 하나님은 벧엘에서 그에게 찾아오셨습니다. 야곱은 그때 꿈을 꾸게 되었고 하나님을 만나게 되었습니다. 그리고 꿈에서 말씀하시는 하나님의 음성에 귀를 기울였습니다. 야곱이 외가에서 부자가 되어 고향으로 돌아가려고 할 때, 하나님은 야곱에게 다시 말씀하셨고 야곱은 그 말씀에 귀를 기울이고 순종했습니다. 속이는 자로 출발했던 야곱이 하나님의 말씀에 귀를 기울이며 나아가자, 점점 그는 하나님의 사람으로 변화되어 갔습니다. 예수님도 여러 번 우리에게 "들을 귀 있는 자가 되라"막4:23고 말씀하셨습니다.

우리 주변의 형제자매들을 구원하는 길은 그들의 이야기를 들어주는 것입니다. 마찬가지로 그리스도인들이 함께 하나님의 나라를 건설하려면 서로의 이야기에 귀를 기울여야 합니다. <뭉쳐야 찬다>라는 TV프로그램이 있습니다. 축구국가대표를 지낸 안정환 씨가 감독을 맡고 각 분야의 스포츠 스타들을 모아서 팀을 꾸려 연습하고 시합을 합니다. 그런데 안정환 감독이 선수들에게 지시하는 중요한 것 중 하나가 시합 중에 '서로 이야기하라'는 것입니다. 다음과 같은 노사연 씨의 '바램'이라는 노래에도 '얘기'가 나옵니다.

내 손에 잡은 것이 많아서 손이 아픕니다. 등에 짊어진 삶의 무게가 온몸을 아프게 하고 매일 해결해야 하는 일 때문에 내 시간도 없이 살다가 평생 바쁘게 걸어왔으니 다리도 아픕니다. 내가 힘들고 외로워질 때 내 얘길 조금만 들어준다면 어느 날 갑자기 세월의 한복판에 덩그러니 혼자 있진 않겠죠. 큰 것도 아니고 아주 작은 한 마디 지친 나를 안아 주면서 사랑한다 정말 사랑한다는 그 말을 해 준다면 나는 사막을 걷는다 해도 꽃길이라 생각할 겁니다. 우린 늙어가는 것이 아니라 조금씩 익어가는 겁니다.

하나님이 우리에게 지혜를 주시면, 우리는 꿈을 꾸게 되고 그에 따라 결심해야 합니다. 또한 그 결심을 위해서 여러 가지를 투자하고 중요한 것을 포기할 각오로 행동해야 합니다. 하나님의 나라와 인류의 구원을 위해 하나님의 말씀에 귀를 기울이고 이웃의 말에 귀를 기울이면, 하나님이 우리를 귀하게 사용하실 것입니다.

하나님이 기뻐하시는 자랑

"⁹낮은 형제는 자기의 높음을 자랑하고 ¹⁰부한 자는 자기의 낮아짐을 자랑할지니 이는 그가 풀의 꽃과 같이 지나감이라 ¹¹해가 돋고 뜨거운 바람이 불어 풀을 말리면 꽃이 떨어져 그 모양의 아름다움이 없어지나니 부한 자도 그 행하는 일에 이와 같이 쇠잔하리라"

_야고보서 1장 9~11절

예루살렘 교회에 가해진 핍박으로 인해 뿔뿔이 흩어진 유대 그리스도인들은 대부분 그 지역에서 낮고 천한 신분으로 살았습니다. 그래서 물질적으로 궁핍하고 사회적으로 냉대와 조소를 당했습니다. 특히 그 당시는 기근이 일어났던 시기였기 때문에 그리스도인들은 더욱 심한 고통을 당했습니다. 그리고 그 가난과 고통 때문에 그들은 시험을 당했습니다. 어쩌면 우리 인간에게 가장 흔한 시험은 다름 아니라 가난과 부요에 대한 시험일 것입니다. 그런데 그렇게 시험에 처한 그리스도인들에게 야고보가 말하고 있는 것입니다.

오늘날만큼 돈으로 인생 전체를 평가받는 시대는 아마도 없을 것입니다. 돈이 많은 사람이 곧 성공한 사람입니다. 따라서 돈이 없는 사람은 그가 가진 고귀한 인격에도 불구하고 실패한 인생으로 평가받습니다. 다른 사람들이 그렇게 평가하니까 돈이 없는 사람은 스스로도, 심지어 예수님을 믿으면서도 '나는 실패자가 아닐까? 나는 복 받지 못한 사람이 아닐까?'라고 생각하게 됩니다. 이러한 인생을 향해서도 야고보는 말하고 있습니다.

낮은 형제의 자랑

야고보는 가난한 그리스도인들을 '낮은 형제'라 부르는 한편, 그들을 부자와 대비하면서 하나님 안에서 오히려 자랑하라고 가르칩니다. 왜냐하면 하나님이 기뻐하시는 자랑은, 가난한 그리스도인은 자신의 높음을 자랑하고 부한 그리스도인은 자신의 낮아짐을 자랑하는 것이기 때문입니다.

9절에서 "낮은"이라는 헬라어 단어 ταπεινός타페이노스는 '세상의 눈으로 보기에 천하고 하찮은, 물질적으로 궁핍한'이라는 뜻을 가집니다. 따라서 '낮은' 그리스도인은 물질적으로 가난하고 사회적으로 천한 신분의 사람입니다. 하지만, 육체적으로 그렇다 하더라도, 그들은 오히려 하나님 안에서 영적으로 부한 것을 자랑할 줄 알아야 합니다. 즉 삶과 세계에 대한 가치관이 달라야 합니다. 비록 이 땅에서는 가난하고 낮은 모습에 처한 사람일지라도, 예수님의 구속의 은혜로 하나님의 자녀가 된 하나님의 나라에서 그는 높은 자입니다. 하나님의 관점에서 그는 하나님의 형상대로 지음 받은 매우 가치 있는 존재입니다. 만왕의 왕이신 하나님의 자녀로 왕 노릇하며, 하나님의 나라에 참예하여 천사들의 수종을 받으며 살 자입니다. 그러므로 가난한 그리스도인이라도 하나님의 가족의 일원으로서 오히려 자긍심을 가지고 살 수 있어야 합니다.

한편 가난한 그리스도인은 이 땅에서 가난하고 궁핍한 것 때문에 오히려 더욱 하나님을 의지하게 되고, 복음을 더욱 간절하게 받아들이게 되며, 이 땅에 마음을 두지 않는 삶을 살게 됩니다. 그런데 이런 것들이야말로 신앙적으로 정말 부요한 것들입니다. 그렇기 때문에 가난한 그리스도인일수록 더욱 이런 영적인 부요함을 자랑하며 살 수 있어야 합니다.

부한 형제의 자랑

부한 그리스도인은 오히려 자신이 영적으로 가난하다는 것을 생각하며 자신의 낮아짐을 자랑할 줄 알아야 합니다. 자신의 소유에 대한 자랑을 삼가고, 예수님이 낮아지신 것과 같이 하나님 앞에서 자신을 낮출 줄 알아야 합니다. 왜냐하면 이 땅에서 부한 사람은 자칫하면 물질적인 풍요로 말미암아 하나님을 잊기 쉬우며 교만해지기도 쉽기 때문입니다. 그는 물질의 힘을 과신하기도 쉽습니다. 그래서 하나님에 대한 간절함도 쉽게 사라집니다. 하나님을 의지하기보다 물질을 더 의지하게 됩니다.

그러나 '부'라는 것은 풀의 꽃과 같음을 명심해야 합니다. 그것은 잠시 있다 지나가는 것일 뿐입니다. 해가 돋고 뜨거운 바람이 불면, 풀이 마르고 꽃이 떨어지는 것과 같은 이치입니다. 이는 야고보가 팔레스타인에서 자주 일어나는 기후에 빗대어 이야기한 것인데, 실제로 팔레스타인에서는 아침에는 꽃과 풀들이 차가운 밤기운을 맞아 활짝 피어 있다가 낮에는 사막에서 불어오는 열풍으로 인해 갑자기 시들어 죽어버립니다. 이 열풍은 사람까지 정신을 혼미하게 하며 기절하게 할 수도 있는 강력한 바람입니다. 동쪽에서 이 열풍이 밤낮으로 불어오면 주변 경관이 싹 바뀔 정도입니다. '부'라는 것도 마찬가지여서 죽음과 심판이 닥치면 재빨리 그리고 철저히 무너지고 맙니다. 부란 그만큼 허망한 것입니다. 그러므로 부자는 늘 영혼의 가난함을 지닐 수 있어야 합니다.

1923년에 미국 시카고의 에지워터 비치 호텔에서 당시 대재벌로 알려진 7명의 실업가가 모임을 가졌습니다. 이 호텔은 1916년에 세워져 1967년에 문을 닫고 사라졌지만, 한때 마릴린 먼로, 프랭크 시나트라, 찰리 채플린 같은 연예인들과 프랭클린 D. 루즈벨트, 드와이트 D. 아이젠하워 같은 대통령들도 다녀갔던 곳이었습니다. 호화로운 사교 모임에 참석한 실업가들은 서로 상대의 성공을 축하하고, 서로 후견인이 되기 위해 모임을 구성했습니다. 그들은 자신들이 서로 협력한다면 미국 경제계에서 최강자가 되리라고 생각했습니다. 그들의 재산은 미국 국고에 있는 것보다 더 많은 것으로 알려졌습니다. 신문과 잡지들은 이 실업계의 거물들을 경쟁적으로 보도해 세인의 이목을 집중시켰습니다. 그러나 그들은 돈의 노예였지 돈의 주인은 아니었습니다. 그로부터 27년 후인 1950년에 한 작가가 그들의 말로가 어떻게 되었는지를 조사했습니다. 뉴욕 증권거래소 사장이었던 리처드 휘트니는 경제사범으로 싱싱형무소에 수감되었다가 1947년에 석방되었고, 거대한 독립 철강 회사 사장이었던 찰스 슈와브는 빚더미에 앉아 전전긍긍 생계를 유지하다가 무일푼으로 죽었습니다. 거대한 밀 최대 도매상이었던 아서 카튼은 해외에서 변사체로 발견되었으며, 대통령을 보좌하는 경제 각료 출신 엘버트 펄은 경제사범으로 구속되었다가 겨우 사면되어 집에서 쓸쓸히 죽었습니다. 월가의 실력자였던 제시리버 모어, 국제식민은행 총재였던 레온 프레이저, 전매 기업 사장이었던 이바 크루거는 모두 자살했습니다.

성경에서 대표적으로 부한 자 중 한 사람이 바로 다윗입니다. 그는 장군이자 왕이요 음악가이며 시인이었습니다. 그런 그가 시편 23편에서 "여호와는 나의 목자시니 내게 부족함이 없으리로다"시23:1라고 노래했습니다. 그는 부자였지만 재물을 의지하지 않았습니다. 오히려 영적으로 자신의 가난함을 고백했으며, 하나님을 자신의 목자라고 고백했습니다.

한편 하박국은 갈대아 우르 사람들에 의해 전국이 초토화되고 자기 민족이 야만족에 의해 무너지는 모습을 보면서 "하나님, 정말로 살아계십니까? 당신이 전능자이십니까? 성전은 훼파되고 사람들은 포로로 잡혀가고 있습니다."라고 절규하다가 결국 살아계신 하나님을 의지면서 "오직 의인은 믿음으로 말미암아 살리라”_{합2:4}고 고백합니다. 그리고는 이렇게 찬양합니다. “비록 무화과나무가 무성치 못하며 감람나무에 열매가 없을지라도 나는 여호와로 인하여 즐거워하며 그 구원의 하나님으로 인하여 찬송하리로다”_{합4:17-18}. 가장 낮은 상황에 처해 있던 하박국은 조국의 멸망과 초라해진 자신의 모습을 극복하고 하나님을 경배했던 것입니다.

혹시 ‘나는 무엇이든지 가진 것이 전혀 없다.’라고 생각하는 사람이 있습니까? 그런 사람일수록 더욱 더 하나님으로부터 받은 높음을 자랑하시기 바랍니다. 반대로 ‘나는 많은 것을 가졌다.’라고 생각하는 부한 사람들이 있습니까? 그런 사람들은 오히려 인생의 약함을 기억하고, 인생이 쉽게 지나가는 것임을 고백하도록 합시다.

시험을 잘 참읍시다

"[12]시험을 참는 자는 복이 있나니 이는 시련을 견디어 낸 자가 주께서 자기를 사랑하는 자들에게 약속하신 생명의 면류관을 얻을 것이기 때문이라 [13]사람이 시험을 받을 때에 내가 하나님께 시험을 받는다 하지 말지니 하나님은 악에게 시험을 받지도 아니하시고 친히 아무도 시험하지 아니하시느니라 [14]오직 각 사람이 시험을 받는 것은 자기 욕심에 끌려 미혹됨이니 [15]욕심이 잉태한즉 죄를 낳고 죄가 장성한즉 사망을 낳느니라"

_야고보서 1장 12~15절

야고보는 1장 서두에서 얘기했던 주제인 '시험'으로 다시 돌아갑니다. 이 시험을 참고 하나님을 사랑하는 자에게는 생명의 면류관이 예비되었음을 회상시킵니다. 또한 그는 시련과 테스트의 의미를 설명하고, 이어 그것과 유혹이라는 단어 사이의 차이점을 설명합니다. 야고보는 인간의 연약한 마음을 너무나 잘 알고 있었습니다. 사실 시험은 인간의 가장 고질적인 문제 중 하나입니다. 이 시험은 아담에서부터 시작되어 오늘날 우리에 이르기까지 모든 시대 모든 인류가 살아가면서 직면하게 되는 문제입니다. 그래서 오스카 와일드아일랜드 출신의 극작가, 1854-1900는 "나는 시험 외에는 어떤 것도 이겨낼 수 있다."라고 말했다고 합니다. 시험은 그만큼 힘들고 어려운 것입니다. 하지만 그러한 시험을 잘 참고 잘 다루는 자에게는 상급과 보상이 있습니다.

시험을 참는 자는 복이 있다.

본문은 예수님의 팔복을 연상하게 합니다. 예수님의 참된 종이었던 야고보는 그 가르침의 내용과 말투조차도 예수님을 닮았습니다. 그래서 헬라어 원문에는 팔복처럼 '복이 있다μακάριος(마카리오스)'라는 단어가 앞에 나옵니다. 세상 사람들은 돈이 많고, 일이 잘되고, 업적을 이루고, 건강하면 복이 있다고 합니다. 그러나 성경에서는 그렇게 말하지 않습니다. 12절의 "시험πειρασμόν(페이라스몬)"은 '시련trial'을 의미합니다. 그래서 야고보는 하나님 안에서 시련을 견디어내는 자가 복 있는 자라고 규정합니다. 이것이 기독교적 가치관입니다. 신약성경에는 '복 있는'이라는 단어가 50번이나 나옵니다.

그런데 어떤 그리스도인이 하나님의 인정을 받는 인내하는 자일까요? 베드로는 죄가 있어 매를 맞고 참는 인내는 인정받는 인내가 아니라고 규정합니다벧전2:20. 그러나 실제로 사람들은 자신의 잘못으로 손해나 피해를 볼 때조차 참는 것은 고사하고 오히려 화를 냅니다. 이와 달리 선을 행하다가, 특히 복음을 위하여 살다가 당하는 시련을 인내하는 것은 하나님께 인정을 받습니다벧전2;19,20. 베드로는 그 고난을 '아름다운 고난'이라고 일컬었습니다.

하나님은 시련을 통해서 그리스도인들의 믿음을 테스트하십니다. 인내가 합격과 불합격의 바로미터사물의 수준이나 상태를 평가하는 기준가 됩니다. 인내의 영웅인 욥의 경우를 생각해 봅시다. 다음과 같은 그의 고백은 얼마나 은혜롭습니까? "그러나 내가 가는 길을 그가 아시나니 그가 나를 단련하신 후에는 내가 정금 같이 되어 나오리라"욥23:10. 하나님이 인정하고 기뻐하시는 그리스도인들은 복음 때문에 당하는 시련 가운데서도 하나님을 끝까지 신뢰하고 사랑하는 자들입니다. 끝까지 인내하는 그리스도인들에게 하나님은 약속하신 생명의 면류관

στέφανος, 스테파노스을 주십니다12절; 계2:10. 하나님은 우리에게 환난이 많은 인생의 경주를 완주하라고 명하셨고, 끝까지 인내하는 그리스도인들에게 생명의 면류관을 주십니다.

모든 사람이 시험을 받는다.

우리 가운데 "나는 다른 사람과 달라 지금까지 살아오면서 한 번도 시험을 받지 않고 살아왔다."라고 말하는 사람은 허튼소리를 하는 사람입니다. 우리는 모두 시험을 받는다는 것이 인생의 실재입니다. 13절에 나오는 "시험πειράζω(페이라조)"이라는 단어 4개는 같은 단어로서 '유혹temptation'으로 번역할 수 있습니다12절의 시험은 다른 단어로서 '시련'으로 번역됨. 13절을 보면 "사람이 시험을 받을 때에……"라고 말합니다. 그런데 고린도전서 10장 13절에서는 "사람이 감당할 시험 밖에는 너희에게 당한 것이 없나니"라고 말합니다. 여기서 "받을 때에"와 "감당할"이라는 단어에 주목해야 합니다. 이 말은 우리 모두가 같은 배에 타고 있다는 의미입니다. 즉 우리 모두는 똑같은 시험, 똑같은 문제들을 안고 있다는 것입니다. 그러므로 다른 사람도 나와 똑같은 것을 느끼고 있다는 사실을 알아야 합니다. 그리할 때 우리는 문제들로부터 조금은 더 자유할 수 있습니다. 나보고만 참으라고 하는 것이 아니기 때문입니다.

시험을 받는 것은 죄가 아닙니다. 시험에 지는 것이 죄입니다. 우리 중 많은 사람들이 시험에 눌려 있으면서 자신을 학대하곤 합니다. 그러나 그것은 사탄이 우리의 마음에 나쁜 생각을 집어넣는 것이지 우리의 죄가 아닙니다. 우리는 인간입니다. 시험은 우리가 인간이지 사탄이 아님을 증명해 줍니다.

책임을 지라

우리는 삶의 문제를 자신의 책임으로 받아들여야 합니다. 그렇지 않고 자신의 문제에 대해 다른 사람을 탓하는 것은 어리석은 행동입니다. 심지어 우리는 문제에 직면할 경우 하나님까지 비난하기를 좋아하는 것 같습니다13절. 그러나 이는 잘못된 것이며, 자신의 문제에 대한 책임 회피에 불과합니다.

하나님은 악 위에 계시므로 악에게 어떤 영향도 받지 않으십니다. 뿐만 아니라 완전하고 거룩하신 하나님은 아무도 유혹하지 않으십니다. 유혹하는 자는 사탄입니다. 그렇다고 해서 우리가 시험받는 것을 전부 사탄의 탓으로만 돌려서도 안 됩니다. 다른 사람의 탓으로 돌리거나 환경 탓을 해서도 안 됩니다. 그러나 최초로 사탄에게 유혹받은 아담은 그 책임을 하와에게 돌렸습니다. 그만큼 책임 회피는 우리의 본성임을 알고 항상 조심해야만 합니다.

미혹을 받는 것은 대부분 우리의 욕심 때문입니다14절. 우리의 마음속에 있는 탐심에 끌려 우리가 미혹 받고 있는 것입니다. 우리의 마음은 본질상 부패합니다. 그러므로 우리는 사탄의 유혹에서 벗어날 수 있도록 언제나 주님께 간절히 기도해야 합니다마6:13, "우리를 시험에 들게 하지 마시옵고 다만 악에서 구하시옵소서". 바울이 권면한 것처럼, 하나님의 도우심을 의지해야 합니다고전10:13, "……너희로 능히 감당하게 하시느니라".

한편 야고보는 15절에서 욕심과 죄와 사망의 관계를 살아있는 생명체의 탄생 과정에 비유하여 간결하고도 시각적으로 정의합니다. 즉 '욕심의 3대 계보'로서, 유혹이 오면 욕심은 여인처럼 잉태하여 죄라는 아이를 낳고, 죄라는 아이가 자라서 사망을 낳는다는 것입니다. 이렇듯 야고보는 유혹에 넘어가는 인간의 비참한 결말을 시각적이고도 생물학적으로 생생하게 묘사하고 있습니다. 그렇습니다. 야고보의 경고대로, 욕심을 계속 방치하면 죄를 저지르게 되고, 죄를 반복하여 저지르게 되면 사망에 이르게 됩니다. 죄의 삯은 사망입니다롬6:23.

주님을 위해 일하며 선과 의를 위해 행하는 우리에게 닥치는 시험시련은 참고 인내할 수 있기를 바랍니다. 나아가 우리의 욕심 때문에 받는 시험유혹 역시도 잘 참고 다른 사람 핑계를 대지 말고, 하나님의 도우심을 간구하며 더욱 하나님을 의지합시다. 그리하여 복 있는 자가 되도록 합시다.

선하신 하나님을 바라봅시다

"¹⁶내 사랑하는 형제들아 속지 말라 ¹⁷온갖 좋은 은사와 온전한 선물이 다 위로부터 빛들의 아버지께로부터 내려오나니 그는 변함도 없으시고 회전하는 그림자도 없으시니라 ¹⁸그가 그 피조물 중에 우리로 한 첫 열매가 되게 하시려고 자기의 뜻을 따라 진리의 말씀으로 우리를 낳으셨느니라"

_야고보서 1장 16~18절

깊은 산골에 학생이 단 두 명이고 교사가 한 명뿐인 초등학교가 있었습니다. 어느 날 기말고사를 보는데 선생님이 자리를 비운 사이 두 학생이 서로 커닝을 했습니다. 밖에서 그 광경을 목격한 선생님은 학생들에게 화를 내며 울먹이는 소리로 "난 너희들을 믿었는데 명색이 전교 1, 2등 하는 놈들이 어떻게 이럴 수가 있느냐?"라고 말했습니다. 여하튼 시험이 문제입니다. 아무것도 아닌 것 같으나 시험이라고 하면 누구나 긴장하게 됩니다.

그런데 야고보는 시험에 관해 이야기하다가 갑자기 17절에서 방향을 바꿔 하나님의 선하심에 대하여 말하기 시작합니다. 이는 시험 가운데서도 우리의 생각만큼은 하나님의 선하심을 지속적으로 바라보게 하기 위해서입니다. 왜냐하면 우리의 주의를 다른 곳으로 돌리는 것이 바로 시험을 이기는 다음 단계이기 때문입니다.

속지 말고 깨어 준비하라

16절의 "속지 말라"π λανᾶσθε(플라나스쎄); 현재 수동태 명령법는 수동태이기 때문에 '속임을 당하지 말라'로 번역해야 하지만, 야고보는 문맥상 자신의 욕심에 의해서 유혹을 받는다고 주장하고 있으므로 '자신을 속이지 말라'로 번역하는 것이 옳습니다. 그리고 이것은 우리에게 준비하라고 권고하는 말씀으로 읽어야 합니다. 즉 시험이 올 때 준비하라는 것입니다. 베드로는 "근신하라 깨어라"벧전5:8고 말했고, 예수님은 "시험에 들지 않도록 깨어 기도하라"마26:41고 말씀하셨습니다. 시험은 우리에게 경고하지 않습니다. 시험이 시험인 이유 중 하나는 그것이 시험임을 우리가 미리 알지 못하기 때문입니다. 그러므로 우리는 항상 준비하고 대비해야 합니다. 야고보는 본문의 앞뒤 말씀을 통해서 흩어져 있는 그리스도인들에게 두 가지 면에서 속지 말라고 권면합니다. 하나는 세상의 달콤한 죄의 유혹들에 속지 말라는 것갈6:7이고, 다른 하나는 하나님은 결코 유혹하시는 분이 아니시라는 것입니다. 그리스도인들은 광명의 천사로 가장한 마귀의 이 두 가지 속임수에 결코 넘어가지 말아야 합니다고후11:14.

우리는 종종 놀라운 성공 직후에 상처받기 쉽습니다. 그래서 성경은 "그런즉 선 줄로 생각하는 자는 넘어질까 조심하라"고전10:12고 말합니다. 영국인 보비 리치Bobby Leach라는 사람은 1911년 통 안에 갇힌 상태로 나이아가라 폭포에서 떨어졌으나 아무 상처도 입지 않고 살아남았습니다. 하지만 그로부터 며칠 뒤 그는 오렌지 껍질에 미끄러져 다리가 부러지고 말았습니다. 인생에서 우리를 죽이는 것은 오히려 아주 작은 것들입니다. 그래서 야고보는 오늘도 우리에게 '준비하라, 속지 말라'고 권면하는 것입니다.

초점을 하나님께 맞추라

만약 시험이 우리의 내적인 생각에서 시작되는 것이라면, 시험을 이기는 열쇠는 시험과 싸우는 것이 아니라 우리의 생각의 초점을 재조정하는 것이 되어야 합니다. 왜냐하면 우리가 어떤 시험과 싸울수록 그 시험이 우리를 사로잡을 것이기 때문입니다. 그러므로 시험과 싸우기보다 애초에 우리의 관심을 돌리고, 우리의 생각을 옮기고, 우리의 마음을 바꾸어 하나님의 선하심을 바라보도록 해야 합니다.

하나님은 모든 선한 것의 원천으로서 각양 좋은 은사와 영육 간에 귀한 선물들을 우리에게 주시는 분입니다. 야고보는 성경에서 유일하게 하나님을 '빛들의 아버지'로 표현하는데, 이는 우리의 하나님이 창조주 하나님이시고 또한 지금도 우주 만물을 운행하시는 전능자이심을 나타내기 위함입니다. 이러한 하나님이 우리를 사랑하시고 복되게 하시고자 온갖 좋은 은사와 귀한 선물들을 아낌없이 주시는 것입니다. 그러므로 그리스도인들은 이러한 하나님을 바라보며 삶에 소망을 가질 수 있어야 할 뿐 아니라, 나아가 하나님을 사랑하고 온전히 신뢰할 수 있어야 합니다.

1998년 1월 9일자 국민일보에 실린 연말 불우이웃돕기 성금 내역을 보면 117억 8,600만원인데, 그중 재벌 기업의 성금은 8억 1,700만원에 그쳤고 나머지 109억 6,000만원이 모두 개인들의 성금이라는 통계가 나왔습니다. 그리고 세월이 흘러 2018년 사회복지공동모금회에 어려운 이웃을 위해 기부한 기부액은 자그마치 약 6천억에 이르렀습니다. 이웃의 어려움에 공감할 수 있을 때, 우리는 오히려 자신에 대해 감사할 수 있습니다.

한편 또 한 가지 당부하는 것은 사탄과 논쟁하지 마시기 바랍니다. 그런 논쟁은 대개 "누가 틀렸느냐?"가 되곤 합니다. 그런데 사탄은 그런 논쟁에서 우리보다 훨씬 뛰어납니다. 그는 수천 년의 경력을 가지고 있습니다. 그러므로 사탄이 당신을 시험으로 부를 때 가능한 즉각 수신기를 내려놓으시기 바랍니다. 벌에게 쏘이지 않기 위해서는 벌에게서 멀리 떨어져야 합니다. 심지어 때론 친구를 과감하게 버려야 할 수도 있습니다.

진리의 말씀으로 거듭난 것을 기억하라

야고보는 신체적인 출생을 이야기하는 것이 아닙니다. 그는 영적인 출생을 이야기합니다. 그것은 하나님으로부터의 새로운 시작입니다. 우리의 삶에 하나님을 완전히 모실 때, 하나님은 진리의 말씀으로 우리를 낳고, 우리의 인격을 변화시키실 것입니다. 야고보는 15절과 18절에서 사망과 생명을 시적으로 절묘하게 대조합니다. 즉 죄는 사망을 낳지만, 하나님은 말씀으로 우리를 낳으신다는 것입니다. 그런 의미에서 하나님은 영적인 탄생을 통해 우리에게 새 생명을 주시는 재창조자Re-Creator시라고 할 수 있습니다.

첫 열매는 거룩한 것이고 하나님께 속한 것입니다. 그런데 그리스도인들은 그리스도 안에서 새로운 피조물로서 하나님의 첫 열매입니다. 하나님은 그리스도인들을 택하셨고, 거룩하게 하셨고, 자신에게 속하게 하셨습니다. 이 얼마나 영광스러운 일입니까! 그러므로 그리스도인들은 하나님의 첫 열매로서 죄로 부패한 이 세상에서도 하나님을 온전히 신뢰하며, 진리의 말씀으로 인내하는 삶을 살아야 합니다.

이러한 거듭남은 시험에 대처할 수 있는 새로운 능력을 우리에게 부여해 줍니다. 시험을 이기는 데는 우리의 의지력만으론 한계가 있습니다. 우리에게는 초자연적인 능력이 필요합니다. 그것이 곧 예수 그리스도와 복음입니다. 그렇기 때문에 우리는 거듭나야만 합니다. 거듭남이 우리의 삶의 출발점이어야 합니다. 그럴 경우 우리는 우리의 능력 이상의 힘을 얻게 될 것입니다.

시험을 당할 때에 자신에게 속지 말고, 하나님을 신뢰하면 피할 길이 생깁니다 고전10:13. 하나님은 선하신 분이며, 또한 우리를 말씀으로 낳으신 분이기 때문입니다. 그러므로 우리가 하나님 앞에서 어떤 사람인지를 깨닫고, 시험을 잘 참고 견디며 담대하게 나아갑시다. 시험을 두려워하기 전에 시험을 다루는 성경적 원리를 깨닫고 승리하는 삶을 살도록 합시다.

말씀을 잘 받읍시다

"[19]내 사랑하는 형제들아 너희가 알지니 사람마다 듣기는 속히 하고 말하기는 더디 하며 성내기도 더디 하라 [20]사람이 성내는 것이 하나님의 의를 이루지 못함이라 [21] 그러므로 모든 더러운 것과 넘치는 악을 내버리고 너희 영혼을 능히 구원할 바 마음에 심어진 말씀을 온유함으로 받으라"
_야고보서 1장 19~21절

성경에는 구원의 약속과 위로, 힘, 소망, 지혜, 기쁨, 능력 등이 약속되어 있습니다. 그런데 그런 약속들은 단지 우리가 성경을 가지고 있다는 사실 자체만으로 자동적으로 보장받는 것은 아닙니다. 2014년 12월 말 기준으로 성경은 2,886개의 언어로 33,906,212권이 배포1996년 한 해 동안 전 세계적으로 500만권의 성경이 18,000여 개 언어로 출판됨되었습니다. 그러나 그렇게 많은 사람들이 성경을 가지게 되었지만, 정작 성경의 내용과는 무관하게 살아가고 있는 것은 아닌지 모르겠습니다.

야고보는 진리의 말씀을 통해 성도들이 영적으로 다시 태어났음을 강조했습니다18절. 따라서 이제는 그 말씀을 먹고 계속 자람으로써 영적인 열매를 많이 맺어야 한다고 강조합니다. 다시 말해 말씀을 들은 후 그 말씀을 잘 받아들이고 그에 따른 행함이 있어야 한다는 것입니다. 21절에서 "받으라δέξασθε(데크사스쎄)"는 단어는 '어서 들어오라'는 대환영을 의미합니다. 즉 우리의 삶에 말씀이 들어오는 것을 대환영하며 적극적으로 받아들이라는 것입니다.

IMF 시절 은행들마다 은행장실이 비어 있었던 적이 있었습니다. 은행장들이 직접 지방영업점과 거래업체들을 돌면서 지점장들에게는 대출을 독려하고 거래업체들로부터는 대출이 제대로 잘 진행되는지 들어야 했기 때문입니다. 이는 당시 대통령이 수출기업의 자금 사정이 어려워지지 않게 하라고 은행장들에게 지시했기 때문입니다. 은행장들은 정부에 꼬투리를 잡히지 않고 또 불이익을 당하지 않기 위해서 그 지시사항을 잘 받아들이고 충실히 수행했던 것입니다<동아일보> 1998. 1. 24. 참고. 마찬가지로 하나님이 그리스도인들에게 지시한 사항들, 곧 그분의 말씀을 잘 받아들이고 그것을 충실히 이행하는 것이 말씀으로 거듭난 그리스도인들의 본분입니다.

그런데 야고보는 본문에서 하나님의 말씀을 잘 받아들이기 위해서는 네 가지 태도가 필요하다고 가르칩니다. 19절의 헬라어 원문은 '알지니ἴστε(이스테)'라는 동사로 시작합니다. 즉 이 4가지 태도를 놓치지 말고 주목하여 알아야 한다는 뜻입니다. 그리스도인은 말씀을 잘 받아들이는 데 필요한 태도를 구체적으로 알아야 하고, 또한 그것들을 조절하는 믿음도 있어야 합니다.

귀 기울여 듣는 태도로 받으라

19절에서 "듣기는 속히 하고"라는 말은 '모든 관심을 기울이고, 깨어 있어 놓치지 말라'는 뜻을 담고 있습니다. 우리는 대개 듣는 것보다 말하는 것을 좋아합니다. 그리고 말하고 있을 때는 듣지 못합니다. 그런데 하나님은 우리에게 말하는 것보다 듣는 것을 두 배로 많이 하도록 입 하나에 귀 두 개를 주셨습니다.

말하고 싶은 것을 참고 상대방의 이야기를 먼저 듣는 것은 숙달하기 어려운 기술입니다. 더군다나 속히 듣는 것은 더욱 어려운 일입니다. 왜냐하면 나의 관심과 아픔, 어려움보다 상대방의 관심과 아픔, 어려움을 더 우선하고 중요하게 들어야 하기 때문입니다. 그러나 그리스도인들은 그리스도의 보혈로 한 형제 자매된 자들로서, 다른 지체들의 관심과 아픔, 어려움 등을 귀 기울여 속히 듣는 것에 숙달되어야 합니다. 그래서 슬픔을 함께 나누므로 상대방의 슬픔을 반감시키고, 기쁨을 함께 나누므로 상대방의 기쁨을 배가시킬 수 있어야 합니다.

여유 있는 태도로 받으라

19절 하반절에서 "말하기는 더디 하며 성내기도 더디 하라"는 말은 여유 있는 태도를 가지라는 뜻입니다. '말하기를 더디 하라'는 것은 침묵하라는 것이 아닙니다. 그보다는 신중하게 지혜의 말과 건덕의 말을 하라는 뜻입니다. 솔로몬은 "그 입술을 제어하는 자는 지혜가 있느니라"잠10:19고 가르칩니다. 특히 하나님의 말씀을 적재적소에 지혜롭게 말할 수 있는 것이 매우 중요합니다. 그렇지 않고 복음을 전해야 할 때 전하지 않는 것은 하나님의 진노를 살 수 있는 일임을 유의할 필요가 있습니다겔3:17-21.

우리는 일반적으로 화나고 분노가 치밀어 오르고 비통에 잠기고 복수심이 가득할 때 어떤 것도 듣지 못합니다. 그런데 어떤 사람은 이렇게 말할지도 모릅니다. "왜 하나님은 내게 한 번도 말씀하시지 않는 걸까요?" 하지만 그것은 하나님이 그에게 말씀하지 않으셨던 것이 아니라 오히려 그 사람이 자신 안에 분노와 원한을 제거하지 않고 남겨두고 있었기 때문일지도 모릅니다. 설사 분노와 원한을 품을 만큼 상대방이 충분히 잘못했다 하더라도 가능하면 그것을 빨리 풀어내는 것이 우리에게 복이 됩니다.

분을 내면 죄를 짓기 쉽고 사탄에게 틈을 주기 쉽습니다엡4:26-27. 성난 사람은 사탄의 음성에 귀를 기울이기 쉬운 대신, 하나님의 음성에는 귀를 기울이지 않게 됩니다. 분노는 그리스도인들의 마음의 문을 닫아 하나님의 말씀을 들을 수 없게 합니다. 그러므로 그리스도인들은 분노를 조절할 수 있도록 기도해야 합니다. 해가 지도록 분을 품어서 죄를 짓지 않도록엡4:26 결단하고 기도해야 합니다. 분을 빨리 그리고 잘 내는 사람은 하나님이 바라는 의로운 생활을 할 수 없습니다. 더군다나 성낸 것을 풀지 않고 마음에 계속 품고 있는 자는 사탄에게 틈을 주어 죄를 짓게 되고 하나님을 슬프게 할 뿐입니다. 그에 반해 화평하게 하는 자는 하나님의 아들이라 일컬음을 받으며, 의의 열매를 거둡니다마5:9.

일본의 한 언론인이 한국 사람을 얕잡아 보면서 썼던 글이 기억납니다. 그는 한국 사람과 회담하는 것은 참 쉽다고 말했습니다. 조금만 약을 올려놓으면 금방 화를 버럭 내는데, 그렇게 처음에 화를 몽땅 내다보니 나중에는 상대에게 미안해지고 어색해져서 끌려갈 수밖에 없다는 것이었습니다. 의사가 잘 전달되었는가보다는 내 감정을 절 처리했는가가 중요한 사회, 목청 큰 것이 승리하는 사회는 지혜가 없는 사회입니다. 그런 사회에서는 하나님의 의를 이루기가 어렵습니다.

청결한 태도로 받으라

21절의 "그러므로 모든 더러운 것과 넘치는 악을 내버리고"에서 '내버리고 ἀποθέμενοι(아포쎄메노이)'라는 부정과거 분사는 문자 그대로 해석하면, '옷을 벗어던지다' 혹은 '물건을 옆으로 치우다'라는 뜻입니다. 진리의 말씀을 잘 받으려면 마음의 밭을 잘 가꾸어 옥토로 만들어야 합니다. 즉 마음의 밭을 영적으로 기경해야 한다는 것입니다. 야고보는 아마도 예수님이 가르치셨던 네 가지 밭의 비유를 연상했을 것입니다. 밭에 씨를 뿌리기 전에 먼저 잡초를 제거해야만 할 때가 있습니다. 마찬가지로 하나님의 말씀이 우리의 마음에 들어올 수 있도록, 그래서 잘 자라나게 하려면, 먼저 우리의 삶에 잔재해 있는 온갖 감정적인 쓰레기들, 낡은 습관들, 폐기물들을 치워야만 합니다.

온유함으로 받으라

21절의 "너희 영혼을 능히 구원할 바 마음에 심어진 말씀을 온유함으로 받으라"에서 '온유함'은 연약함을 의미하는 것이 아니라, 기꺼이 배우려 하고 순종적이고 겸손한 자세로 기꺼이 변화를 받아들이려 하는 것을 의미합니다. 우리는 스스로 모든 것을 알고 있는 것처럼 행동하지 않아야 합니다. 만일 우리가 모든 것을 알고 있는 것처럼 말하고 행동한다면, 하나님의 말씀은 그런 우리에게서 더 이상 역사하지 않을 것입니다. 그러므로 겸손히 기도하시기 바랍니다. "하나님, 제 삶에 필요한 말씀을 주시옵소서!'

우리는 말씀을 듣는 시간이 많고, 성경책도 집은 물론이거니와 차와 사무실에까지 놔두고 있다고 자만하며 방심할 때가 많습니다. 하지만 위에서 말한 네 가지의 좋은 태도로 하나님의 말씀을 받지 않는다면 우리 마음에 하나님의 말씀이 온전히 받아들여지지도 않고, 그래서 자라지도 않을 것입니다. 그러므로 자만하지 말고 항상 좋은 태도로 하나님의 말씀을 잘 받아들이고, 그래서 말씀 안에 담긴 풍성한 약속들을 우리의 것으로 받아 누리도록 합시다. 그리할 때 그 힘과 능력으로 우리 앞에 닥친 위기와 어려움들을 이겨나갈 수 있을 것입니다.

말씀을 행하는 자가 됩시다

"²²너희는 말씀을 행하는 자가 되고 듣기만 하여 자신을 속이는 자가 되지 말라 ²³ 누구든지 말씀을 듣고 행하지 아니하면 그는 거울로 자기의 생긴 얼굴을 보는 사람과 같아서 ²⁴제 자신을 보고 가서 그 모습이 어떠했는지를 곧 잊어버리거니와 ²⁵ 자유롭게 하는 온전한 율법을 들여다보고 있는 자는 듣고 잊어버리는 자가 아니요 실천하는 자니 이 사람은 그 행하는 일에 복을 받으리라"

_야고보서 1장 22~25절

야고보는 앞서 1장 19-21절에서 하나님의 말씀을 잘 받아들일 것을 강조했습니다. 이어서 그는 말씀을 잘 받아들인 후, 즉 말씀을 잘 읽고 들은 후에는 그 말씀에 따라 행하는 자가 되라고 권고합니다. 그런데 말씀을 행하는 자가 되기 전에 말씀을 내 것으로 만드는 데는 다음과 같이 네 가지의 방법이 있습니다.

주목하여 읽고 들으라

25절의 "온전한 율법을 들여다보고 있는 자는"에서 '들여다보다$_{παρακύπτω}$(파라큅토)'라는 것은 '철저히 조사하다', '주의를 기울여 하나님 말씀에 집중하다'라는 뜻입니다. 많은 그리스도인들이 말씀을 주목하여 들여다보기보다 그냥 훑어

보면서 지나칠 때가 많습니다. 하지만 말씀을 주목하여 주의 깊게 읽고 들어야만 말씀 안에서 귀한 보물들을 찾을 수 있는 것입니다.

IMF 시절에도 설 연휴 동안 쉴 새 없이 땀 흘려 일한 일터가 있었습니다. 경기도 부천에 있는 연탄보일러와 난로 전문 업체인 '목화정밀'이라는 곳이었습니다. 이 업체는 1991년 7억 원의 어음을 막지 못해 부도가 났었는데, 그 후 업체의 사장이 고군분투하며 유지해 왔습니다. 그런데 1997년 IMF 때 환율폭등과 기름 값 인상으로 창고에 있던 재고가 팔리고 주문량이 늘어나기 시작했습니다. 물론 이런 일이 당시의 상황 때문에 일어난 것만은 아니었습니다. 부도가 난 이후로 업체의 사장은 꾸준히 기술개발을 하여 주물형 난로의 결점을 보완한 신제품을 만들었고, 실용신안특허제품이나 장치의 형태, 구조, 조합 또는 사용의 특정한 형태에 대한 특허 출원까지 하였습니다. 신제품 난로는 난로 내부의 흙화덕을 강철로 교체하고 틈새를 용접하여 열효율을 30% 높인 것이었습니다. 이는 난로를 자세히 들여다보고 주의 깊게 연구·개발한 결과였습니다. 이와 마찬가지로 우리는 하나님의 말씀을 주목하여 자세히 들여다보는 데 시간을 사용해야 합니다.

생각하며 읽고 들으라

25절에서 "온전한 율법을 들여다보고 있는 자"란 보고 또 보고 계속해서 보는 사람 또는 어떤 일을 생각하고 계속해서 생각하는 사람을 의미합니다. 이것을 다른 말로 '묵상'이라고도 합니다. 염려한다는 것이 무엇인지 안다면, 생각하며 읽고 듣는 것, 즉 묵상이 무엇인지도 쉽게 알 수 있습니다. 어떤 부정적인 한 가지 생각을 계속해서 생각하고 또 생각하는 것을 '염려'라고 합니다. 반면 하나님의 말씀을 생각하고 또 생각하는 것을 '묵상'이라고 합니다. 그런데 많은 사람들이 말씀을 묵상하는 것보다 세상 살아가는 요령에 더 관심이 많고 그래서 여러 생각에 염려가 많은 것 같습니다. 묵상이 없다 보니 신문이나 TV에서

본 것들을 판단하지 못하고 그대로 생각하고 믿으며 살아가게 됩니다. 하지만 성경에서 읽은 내용들을 과연 얼마나 생각하고 믿으며 살아가고 있습니까?

묵상하는 하나님의 법말씀은 그리스도인에게 자유를 줍니다. 왜냐하면 하나님의 법은 완전하기 때문입니다. 그리스도의 보혈을 통한 하나님의 법은 그리스도인들을 죄와 사망의 권세에서 자유롭게 합니다. 예수님은 제자들에게 "진리를 알지니 진리가 너희를 자유롭게 하리라"요8:32고 가르치셨습니다. 그러므로 그리스도인들은 하나님의 법 안에 있으면 자유롭지만, 하나님의 법을 벗어나면 죄의 종이 됩니다. 그런 의미에서 진정한 자유는 하나님의 법에 순종할 때 옵니다. 세속적인 욕망과 인간의 고집과 생각에 사로잡히는 삶은 종의 삶입니다갈5:1.

암송하며 읽으라

25절에서는 "잊어버리는 자가 아니요"라고 말하고 있습니다. 그렇습니다. 잊어버리지 않기 위해 말씀을 암송하는 것은 우리의 영적 생활에 굉장한 유익을 줍니다. 시편 기자는 "내가 주께 범죄 하지 아니하려 하여 주의 말씀을 내 마음에 두었나이다"시119:11라고 고백합니다. 그런데 말씀을 우리의 마음에 두는 좋은 방법은 암송하는 것입니다. 우리는 우리에게 중요한 것들은 잘 기억합니다. 그런데 말씀에 따라 복을 받는 것이야말로 그리스도인에게 더없이 중요한 것입니다. 따라서 말씀을 잘 기억하는 일은 그리스도인에게 불가피한 일이 아닐 수 없습니다. 소중하고 중요한 것들을 아무렇게나 취급하는 사람이 있습니까?

결국 행하는 자가 되라

본문은 말씀을 행하는 것에 초점을 맞추고 있습니다. 그리스도인들이 말씀을 읽고 듣는 것은 그 말씀대로 행하기 위함입니다. 진실로 하나님의 말씀에 집중하는 사람은 들은 것은 행하게 됩니다. 그렇지 않으면 자신을 속이는 것이 됩니다22절. 행함을 강조하는 야고보의 어투 및 어조는 산상수훈을 마치고 결론을 내리는 예수님의 말투와 매우 닮았습니다마7:24, "그러므로 누구든지 나의 이 말을 듣고 행하는 자는 그 집을 반석 위에 지은 지혜로운 사람 같으리니".

기독교 신앙은 실천적이고 행동적이어야 합니다. 야고보는 예수님의 어법과 비슷하게마7:26 거울의 비유를 들어 행함의 중요성을 강조합니다23절. 즉 말씀을 읽고 들은 후에 행하지 않는 자는 거울을 본 뒤 뒤돌아서는 자기의 모습을 곧바로 잊어버리는 자와 같다는 것입니다24절. 여기서 '보다κατανοέω(카타노에오)'라는 동사는 힐끗 보는 것이 아니라 주의 깊게 살펴보는 것을 의미합니다. 사람들이 거울을 주의 깊게 살펴보므로 자신을 알듯이, 그리스도인들 또한 하나님의 말씀을 주의 깊게 들으면 하나님이 원하시는 바를 알게 됩니다. 그런데 사람이 거울로 자신을 보고 가서 그 모습이 어떠했는지를 곧 잊어버리는 것은 참으로 우스운 일입니다. 마찬가지로 그리스도인이 하나님의 말씀을 듣기만 하고 행하지 않는다면 그것 또한 매우 우스운 일입니다. 하나님의 말씀을 주의 깊게 읽고 들은 자는 반드시 실천하게 되어 있습니다. 거울은 사람의 외모를 고치는 데 사용되는 반면, 말씀은 사람의 내면을 변화시키는 데 사용됩니다. 그렇게 실천하는 그리스도인은 자신이 행한 일로 하나님의 복을 받게 될 것입니다. 왜냐하면 하나님의 말씀은 "교훈과 책망과 바르게 함과 의로 교육하기에 유익하기" 때문입니다딤후3:16.

그러므로 하나님의 말씀을 주의하여 읽읍시다. 이를 위해 하나님 앞에 시간을 드립시다. 그런 다음 그 말씀대로 순종하면 하나님은 틀림없이 우리에게 은혜와 복을 주실 것입니다. 나아가 하나님의 말씀은 우리의 모습들을 살피고 고치게 할 것입니다. 그리하여 일터에서든, 가정에서든, 그 어디에서든 그리스도인으로서 기쁨과 행복을 누리게 할 것입니다.

말씀에 응답하는 자가 됩시다

"²⁶누구든지 스스로 경건하다 생각하며 자기 혀를 재갈 물리지 아니하고 자기 마음을 속이면 이 사람의 경건은 헛것이라 ²⁷하나님 아버지 앞에서 정결하고 더러움이 없는 경건은 곧 고아와 과부를 그 환난 중에 돌보고 또 자기를 지켜 세속에 물들지 아니하는 그것이니라"

_야고보서 1장 26~27절

세미나 참석차 서울에 들렀을 때 지하철역에서 에스컬레이터를 탔는데, 그 움직이는 계단에서도 많은 사람들이 뛰어 다니는 것을 보았습니다. 요즘 '뛰는 사람들'에는 세 부류가 있다고 합니다. 첫째는 일자리를 찾아 헤매는 사람들, 둘째는 일자리를 지키기 위해 뛰는 사람들, 셋째는 목에 힘 줄 수 있는 자리를 찾아 은밀히 움직이는 사람들입니다. 새 정권의 실세가 살고 있는 특정 지역에 설 연휴 기간 동안 교통 혼잡이 있었으며, 실세들이 병원에 입원했다가 문병객 때문에 몰래 퇴원하기도 했으며, 심지어 전화번호를 바꾸고 아예 집에 들어가지도 못하는 경우까지 있다고 합니다<국민일보> 96.2.6..

그런데 우리도 하나님의 말씀을 듣고 읽은 다음에는 말씀에 따라 뛰는 사람이 되어야 하지 않을까요? 그리스도인들은 말씀을 행하고 말씀에 따라 살고 말씀을 실천하는 사람이 되어야만 합니다. 우리가 거울을 보고 나서도 우리의 용모에 아무런 변화도 주지 않는다면 도대체 거울이 무슨 소용이 있겠습니까? 만약 우리가 대학교에서 정식 학생이 아니라 청강을 하는 사람이라면 학점이나 시험, 리포트 등에 아무런 의무나 책임을 질 필요가 없습니다. 수업을 단지 듣기만 됩니다. 수업에 따른 고민이나 과제는 생각할 필요도 없습니다. 그런데 오늘날 교회 안에도 그런 청강생이 있습니다. 우리 신앙의 성숙 여부는 지식에 의해서 알 수 있는 것이 아닙니다. 우리가 말씀에 의해 복을 받고 우리의 삶이 변화되기를 원한다면, 우리는 말씀에 응답해야만 합니다.

어떤 큰 교회의 교인이 3부 예배가 거의 끝날 때쯤에 들어왔습니다. 그는 안내위원에게 "설교 끝났습니까?"라고 물었습니다. 그러자 안내위원이 말했습니다. "설교는 전해졌는데 아직 끝나지는 않았습니다." 참으로 지혜로운 대답이었습니다. 우리는 영적인 일들에 대해서나 하나님에 대해서 많이 들을 수 있습니다. 그러나 그런 사실 때문에 스스로 성숙해 가고 있다는 착각에 빠져서 지낼 때가 많습니다. 많은 그리스도인들이 듣고 믿기는 하지만 정작 행하지는 않습니다.

야고보가 우리에게 묻고 있는 것은 "당신이 듣고 알고 있는 것으로 당신은 무엇을 하려고 합니까?"입니다. 우리는 그의 물음 앞에 무엇이라고 응답할 수 있을까요? 야고보는 그것을 경건이라고 표현합니다. 여기서 '경건하다'라는 형용사 θρησκὸς쓰레스코스와 '경건'이라는 명사 θρησκεία쓰레스케이아는 '신앙심 깊은', '신들에 대한 경외'라는 의미인데, 이는 1세기 당시 기도나 금식 등으로 표현되는 종교적 행위를 일컬었습니다. 당시 많은 사람들이 바로 이런 종교적 행위들로 자신이 경건하다는 확신을 의심 없이 가졌었던 것으로 보입니다. 그러나 이러한 종교적 행위를 한다고 해도 정작 말씀에 응답하는 행동이 따르지 않는다면, 그 경건은 헛것이며 자기를 기만하는 것일 뿐입니다. 야고보는 말씀에 응답하는 참된 경건을 다음과 같이 세 가지로 말합니다.

말을 절제할 줄 알아야 한다.

26절에서 야고보는 혀를 길들이는 것을 말horse을 길들이는 것에 비유합니다. 말에 재갈을 물려야 주인에게 순종하듯이, 혀를 잘 길들여야 경건한 그리스도인이 된다는 것입니다. 자기의 혀를 길들이는 노력을 하지 않으면서 스스로를 경건하다고 생각하는 자는 스스로를 속이는 자입니다. 야고보는 어떻게 해야 혀를 잘 길들일 수 있을지를 3장에서 다시 말하고 있습니다.

세속에 물드는 것을 금해야 한다.

말씀에 응답하는 경건한 그리스도인은 세속에 물들지 않기 위해 죄 많은 세상에 머물러서는 안 됩니다27절. 물론 이것은 세상에서 고립되라는 뜻이 아닙니다고전5:10. 그보다 세상의 가치 체계나 풍속을 따라 생각하거나 행동하지 말고, 오직 경건에 이르는 연습을 하라는 뜻입니다딤전4:8. 실제로 그리스도인들은 불신적인 사고와 세속적인 가치에 물들 위험에 끊임없이 노출되어 있습니다. 그러므로 그리스도인은 자기를 "지켜", "위의 것을 생각하고", "위의 것을 찾아야" 합니다골3:1-2, "그러므로 너희가 그리스도와 함께 다시 살리심을 받았으면 위의 것을 찾으라 거기는 그리스도께서 하나님 우편에 앉아 계시느니라 위의 것을 생각하고 땅의 것을 생각하지 말라".

진정한 경건을 위해서는 고아와 과부를 돌보아야 한다.

고아와 과부는 당시 유대 사회에서 착취와 고통 받는 자들의 대명사였습니다. 그러므로 사회적 약자인 그들을 돌보는 것은 하나님의 자녀로서 그분의 사랑을 나타내는 것입니다. 하나님을 기쁘시게 하는 진정한 경건은 하나님의 사랑을 사회와 세상에 나타내는 것입니다.

유진 랭Eugene Lang이라는 믿음이 좋은 백만장자가 뉴욕의 빈민가에 있던 작은 초등학교에서 졸업반 학생들에게 강연한 적이 있었습니다. 그 학교를 졸업한 어린이들 대부분이 3년 이내에 조직폭력배에 들어가거나 마약을 팔거나 매춘 행위를 하거나 교도소에 수감된다는 기록이 있었습니다. 만일 상황이 이대로 되풀이된다면 현재 졸업반 어린이들 역시 대부분 선배들의 전철을 밟아 어두운 인생을 살게 될 것이 분명했습니다. 유진 랭은 조용히 아이들을 바라보았습니다. 가슴이 무너지는 것 같았습니다. 그래서 준비한 강연 원고를 내려놓고 이렇게 말했습니다. "여러분, 어떤 일이 있어도 학교를 떠나지 마세요. 여러분 가운데 공부하기를 원하는 사람이 있다면 대학을 졸업할 때까지 모든 학비를 제가 책임지겠습니다." 이에 강연을 들은 학생들 가운데 90% 이상이 학교에 남았고 또 대학에 들어갔습니다. 그 학생들 가운데 한 학생이 이렇게 말했습니다. "나는 무엇인가를 기다렸어요. 그건 바로 구원이었습니다." 어린이들을 긍휼한 마음으로 바라본 유진 랭의 선행이 결국 그 지역의 어린이들을 어두운 인생에서 빛으로 이끌어 준 것입니다「보이지 않는 것에 눈뜨다」(마크 부캐넌).

우리 중에 어떤 이들은 예배를 잘 드리고 말씀을 잘 듣기 위해서 준비하고 결단하고자 할 것입니다. 말씀을 들은 대로 기도하기 위하여 기도의 시간을 확보하려고 결심하는 사람도 있을 것입니다. 올 한 해 동안 성경을 일독하겠다고 말하는 사람도 있을 것입니다. 참여하고 싶은 봉사처를 위래 기도하는 사람도 있을 것입니다. 그런 모든 결심들에 하나님의 복이 있기를 바랍니다. 만일 그렇지 않고 우리가 받은 감동을 표현하지 않는다면, 그 감동은 곧 낙심하게 됩니다. 만약 우리가 설교를 듣고 은혜를 받기만 하고 봉사와 헌신에는 참여하지 않는다면, 우리의 영적 생활은 머지않아 고갈될 것입니다.

1997년 6월에 열린 '기독교 교수 연합수련회'에서 나온 간증들을 보면 은혜

받은 교수들의 행동하는 모습들을 볼 수 있습니다. 강의실에 들어가면 항상 먼저 칠판 한 귀퉁이에 영어 성경 한 구절을 써 놓고 강의하는 교수도 있었고, 대학원생을 되도록이면 불신자를 받아서 영어로 강의하고 10분정도 영어 성경 테이프를 듣게 하고 토론을 시키는 교수도 있었습니다. 모든 복은 말씀에 기록되어 있습니다. 그 말씀 속에 있는 복을 받는 길은 우리가 말씀에 대하여 반응하며 우리의 삶을 드리기 시작하는 것입니다.

〈묵상과 나눔을 위한 질문들〉

1. 예수님의 동생인 야고보는 자신을 '종'이라고 소개했습니다. 그렇다면 나는 자신을 어떻게 소개할 수 있을까요?

2. 요즘 사람들은 서로에게 '꽃길만 걸으라'고 축복합니다. 그런데 꽃길이 아니라 시험을 만날 경우 나는 기뻐할 수 있을까요?

3. 나는 자신의 부족함을 깨닫고 있나요? 그래서 하나님께 구하고 있는 것이 있나요? 그것은 무엇인가요?

4. 인생을 바꾸는 지혜로운 결심에는 어떤 것들이 있을까요?

야고보서 2장

사람을 차별하지 맙시다

"¹내 형제들아 영광의 주 곧 우리 주 예수 그리스도에 대한 믿음을 너희가 가졌으니 사람을 차별하여 대하지 말라 ²만일 너희 회당에 금 가락지를 끼고 아름다운 옷을 입은 사람이 들어오고 또 남루한 옷을 입은 가난한 사람이 들어올 때에 ³너희가 아름다운 옷을 입은 자를 눈여겨 보고 말하되 여기 좋은 자리에 앉으소서 하고 또 가난한 자에게 말하되 너는 거기 서 있든지 내 발등상 아래에 앉으라 하면 ⁴너희끼리 서로 차별하며 악한 생각으로 판단하는 자가 되는 것이 아니냐 ⁵내 사랑하는 형제들아 들을지어다 하나님이 세상에서 가난한 자를 택하사 믿음에 부요하게 하시고 또 자기를 사랑하는 자들에게 약속하신 나라를 상속으로 받게 하지 아니하셨느냐 ⁶너희는 도리어 가난한 자를 업신여겼도다 부자는 너희를 억압하며 법정으로 끌고 가지 아니하느냐 ⁷그들은 너희에게 대하여 일컫는 바 그 아름다운 이름을 비방하지 아니하느냐 ⁸너희가 만일 성경에 기록된 대로 네 이웃 사랑하기를 네 몸과 같이 하라 하신 최고의 법을 지키면 잘하는 것이거니와 ⁹만일 너희가 사람을 차별하여 대하면 죄를 짓는 것이니 율법이 너희를 범법자로 정죄하리라 ¹⁰누구든지 온 율법을 지키다가 그 하나를 범하면 모두 범한 자가 되나니 ¹¹간음하지 말라 하신 이가 또한 살인하지 말라 하셨은즉 네가 비록 간음하지 아니하여도 살인하면 율법을 범한 자가 되느니라 ¹²너희는 자유의 율법대로 심판 받을 자처럼 말도 하고 행하기도 하라 ¹³긍휼을 행하지 아니하는 자에게는 긍휼 없는 심판이 있으리라 긍휼은 심판을 이기고 자랑하느니라"

_야고보서 2장 1~13절

김대중 대통령이 재임 시절에 경희대학교 졸업식에 참석한 적이 있었습니다. 본인과 자녀들이 그 학교에 다닌 인연도 있었지만, 무엇보다 명문대학교를 우선시하는 풍토를 없애기 위해서였다고 합니다. 지금까지 대통령이 서울대학교나 육군사관학교, 이화여자대학교의 졸업식에 참석한 것들에 비추어 볼 때, 이는 파격적인 행보임에 분명했습니다. 사람을 차별한다는 것은 다른 사람의 얼굴을 보고 평가하는, 즉 외모에 근거하여 다른 사람의 가치를 평가하는 피상적인 판단을 뜻합니다. New English Bible에서는 이를 "속물근성snobbery"이라고 표현합니다. 그런데 이런 태도가 지금 우리 사회에 보편화된 질병입니다.

차별이 쉽게 일어나는 영역들

사람들이 다른 사람들을 쉽게 차별하게 되는 영역들이 있습니다.

첫째는 외모입니다. 오늘날 아름다움은 세상에서 중요한 요소이고 어디서든 잘 통합니다. 대체로 세상 사람들은 생김새나 옷차림새로 서로를 평가하곤 합니다. 그리스도인들조차도 권력을 위해서든 성공을 위해서든 부자로 보이려고 얼굴을 꾸미고 옷을 잘 차려입곤 합니다.

둘째는 출신입니다. 세상 사람들은 출신지역이나 출신학교에 따라 서로를 판단할 때가 많습니다. 공직에서든 회사에서든 높은 위치에 있는 사람이 그 밑에 사람을 고용하고자 할 때면, 종종 같은 출신지역이나 같은 출신학교의 사람을 임명하는 일이 많습니다. 이런 일은 출신에 따라 사람을 차별하는 것으로 볼 수 있습니다.

셋째는 성공입니다. 우리 사회는 성공한 사람에게는 지나치게 찬사를 보내는가 하면, 실패한 사람은 아무도 기억하지 않습니다. 그래서 성공과 그에 따른 지위가 우리 사회의 핵심 단어요 중요한 관심사가 되고 있습니다.

넷째는 부유함입니다. 이것이 오늘날 사람을 구분하는 가장 보편화된 방법이라 할 수 있습니다. 사람들은 그의 부유함의 정도에 따라 판단 받습니다. 그러나 사실 부유함 그 자체가 비난의 대상이 되는 것은 아닙니다. 본문 2-4절에서도 "금가락지를 끼고 아름다운 옷을 입은" 부자를 비난하고 있는 것이 아닙니다. 그보다는 그리스도인들이 그런 사람을 특별하게 대우하는 것을 비난하는 것입니다.

사람을 차별하는 데 따르는 세 가지 문제

야고보는 사람을 차별하는 것에는 세 가지 문제가 있다고 지적합니다.

첫째로 차별하는 것은 무엇보다 그리스도인의 모습이 아닙니다. 그리스도인이 예수님과 같이 되기를 원한다면, 일차적으로 사람을 차별해서는 안 됩니다 1절. 차별προσωπολημφία(프로소포렘피아)은 신약성경에 처음 나오는 단어인데, 문자적으로 '얼굴을 받아들이다'라는 뜻입니다. 즉 '외모로 판단하거나 편애하다'라는 뜻입니다. 믿음에 의한 판단과 외모에 의한 판단은 양립할 수 없습니다. 믿음을 가진 사람은 사람을 외모로 판단하거나 취하지 않습니다. 하나님은 사람을 차별 없이 사랑하시기 때문입니다. 이 세상에서 차별이 존재하지 않는 곳이 있다면, 그곳은 마땅히 교회여야 합니다. 2-3절의 예를 통하여 야고보는 부자와 가난한 자를 차별하는 것은 4절에서 악한 행동이라고 말합니다. 하나님의 영광에 집중하지 않고 부자의 화려한 옷과 귀금속의 광채에 집중하는 것은 악한 것이기 때문입니다. 우리 자신이 무엇에 집중하고 있는가를 살펴보도록 합시다.

둘째로 차별하는 것은 합리적이지도 않습니다. 하나님은 가난하게 되는 것이 선이고 부자가 되는 것은 악이라고 말씀하지 않으십니다. 그보다 우리 그리스도인들은 하나님 앞에서 모두 부자입니다. '부' 그 자체에는 어떤 특별한 의미도 없습니다. 우리 자신의 가치1,5절와 우리 소유의 가치를 혼돈하지 마시기 바랍니다. 그 둘 사이에는 커다란 차이가 있습니다. 하나님은 세상에서는 가난하지만 믿음에는 부요한 자들을 택하십니다. 또한 하나님은 가난한 자들을 사랑하시고 그들에게 복 주길 원하십니다. 그렇다고 해서 하나님이 무조건 가난한 자를 택하시는 것은 아닙니다. 비록 세상의 관점에서는 가난하지만 하나님을 신뢰하고 믿음에서는 부요한 자들을 택하시는 것입니다. 그럼으로써 그들로 하여금 미래에 완전히 이루어질 하나님 나라의 상속자가 되게 하십니다. 하나님은 물질을 의지하지 않고 하나님을 의지하고 신뢰하는 가난한 자들에게 보상하기를 원하십니다. 물론 가난한 자에게만이 아니라 하나님을 사랑하고 믿는 모든 자들에게 천국을 유업으로 주기 원하십니다.

그런데 사람들은 왜 부자와 가까이 하려고 하는 것일까요? 그것은 그들이 자신을 위해 뭔가 해줄 것을 기대하기 때문입니다. 그러나 일반적으로 부자는 가난한 자를 위하기보다는 가난한 자를 억압하고 무시하는 경우가 많습니다. 억압한다는 것에는 경제적 착취도 포함됩니다. 그런데 초대 교회 당시 그리스도인들은 신앙적 박해는 물론이고 경제적 착취도 받았습니다6-7절. 부자와 권력을 가진 자들이 존귀하고 아름다우신 예수 그리스도와 그분을 따르는 그리스도인들을 억압하고 비방했던 것입니다. 그런데 그리스도인들까지 사람을 부와 권력으로 차별한다면 어떻게 되겠습니까? 우리 인생의 열쇠를 쥐고 계신 분이 누구신지 알고 있다면, 그 열쇠를 전달하는 사람은 전혀 중요하지 않습니다. 그래서 외모로 사람을 취하는 것은 비합리적인 처사입니다.

셋째로 차별하는 것은 사랑이 아닙니다. 이것은 우리가 사람을 외모로 취하지 말아야 할 가장 중요한 이유입니다. 8절에서는 "네 이웃 사랑하는 것을 네 몸과 같이 하라"는 것이 "최고의 법"이라고 말합니다. 그런데 사람을 외모로 취한다면 이러한 최고의 법을 어기는 것이 되지 않겠습니까? 사랑은 사람들에게 그들이 마땅히 받아야 할 것을 주는 것은 물론이거니와 그들이 필요로 하는 것을 채워주는 것입니다. 반면 외모로 사람을 판단하는 것은 사람이 마땅히 받아야 할 것도 주지 못할뿐더러 그들이 필요로 하는 것도 채워줄 수 없습니다. 따라서 외모로 사람을 판단하는 것은 사랑과 결코 양립할 수 없습니다. 만일 우리가 다른 사람을 외모로 판단하여 그에게 긍휼을 베풀지 않는다면, 우리 또한 하나님 앞에서 판단 받고 긍휼을 받지 못하게 될 것입니다12절.

사람을 외모로 취하여 차별하는 일이 없도록 단단히 주의합시다! 차별하는 것에는 어떤 부류의 사랑도 있을 수 없기 때문입니다. 그보다 우리 자신들의 가치에 대해 다시 주목합시다. 이를 위해서는 서로를 세워주는 지혜가 필요합니다. 그 지혜안에서 우리의 가정과 교회를 함께 아름다운 천국으로 만들며, 지금 닥친 어려움을 함께 잘 이겨나갈 수 있을 것입니다.

사람을 사랑하고 긍휼을 베풉시다

"⁸너희가 만일 성경에 기록된 대로 네 이웃 사랑하기를 네 몸과 같이 하라 하신 최고의 법을 지키면 잘하는 것이거니와 ⁹만일 너희가 사람을 차별하여 대하면 죄를 짓는 것이니 율법이 너희를 범법자로 정죄하리라 ¹⁰누구든지 온 율법을 지키다가 그 하나를 범하면 모두 범한 자가 되나니 ¹¹간음하지 말라 하신 이가 또한 살인하지 말라 하셨은즉 네가 비록 간음하지 아니하여도 살인하면 율법을 범한 자가 되느니라 ¹²너희는 자유의 율법대로 심판 받을 자처럼 말도 하고 행하기도 하라 ¹³긍휼을 행하지 아니하는 자에게는 긍휼 없는 심판이 있으리라 긍휼은 심판을 이기고 자랑하느니라"

_야고보서 2장 8~13절

코끼리를 연구하던 동물학자들이 코끼리에게서 특이한 점을 발견했습니다. 그것은 늙은 코끼리가 물을 먹을 때는 항상 발로 물을 한번 휘젓는다는 것이었습니다. 젊은 코끼리와 달리 늙은 코끼리에게서만 나타나는 이런 현상을 두고 동물학자들이 연구한 결과 그 원인을 밝혀냈습니다. 그것은 물에 비친 자신의 모습을 보지 않으려는 거부의 몸짓이라는 것이었습니다. 코끼리도 외모에 신경을 많이 쓰는 모양입니다. 자신의 외모에 신경을 쓰더라도 다른 사람의 외모를 가지고는 차별하는 일이 없도록 합시다.

최고의 법인 이웃 사랑

8절에서 야고보는 이웃 사랑이 최고의 법이라고 하였는데, 사실 차별은 사랑과 거리가 가장 먼 것입니다. 여기서 야고보는 예수님이 가르치신 최고의 법마22:37-39에 관해 언급함으로써 '차별의 죄' 문제를 해결하고자 했습니다. 즉 최고의 법에 순종함으로써 차별의 죄를 짓지 않도록 하려는 것이었습니다. 또한 야고보가 최고의 법 중 두 번째 부분인 '이웃 사랑'만을 언급한 이유는 여기에 첫 번째 부분인 '하나님 사랑'이 내포되어 있음을 전제했기 때문입니다. 실로 하나님 사랑과 이웃 사랑은 불가분의 관계에 있는 것입니다. 이에 관해 사도 요한은 다음과 같이 말했습니다. "누구든지 하나님을 사랑하노라 하고 그 형제를 미워하는 이는 거짓말하는 자니 보는 바 그 형제를 사랑하지 아니하는 자는 보지 못하는 바 하나님을 사랑할 수 없느니라"요일4:20. 사도 바울도 그의 서신들에서 이와 비슷하게 가르쳤습니다갈5:14; 롬13:9.

예수님이 명하신 최고의 법을 지키지 않는 믿음은 진정한 믿음이 아닙니다. 또한 이 최고의 법을 실천하고자 하는 그리스도인들은 차별의 죄를 결코 저지르지 말아야 합니다9절. 야고보는 10절을 시작하면서, 비록 한글성경에는 번역이 빠져있지만, '왜냐하면γάρ(가르)'이라는 접속사를 사용하는데, 이로써 그는 10절과 11절이 9절 하반절의 근거가 됨을 보여줍니다. 다시 말해, 사람을 차별하면 범법자가 되는 이유는 율법은 하나만 어겨도 다 어기는 것이 되기 때문입니다10절. 야고보는 11절에서 십계명 중 두 계명을 예로 들어 이 율법의 본성을 구체적으로 설명합니다. 즉 만일 성도들이 차별의 죄를 범한다면, 그들은 최고의 법인 사랑을 범하는 자들이 된다는 것입니다. 그런데 야고보의 독자들은 이 차별의 죄를 범함으로써 최고의 법인 사랑을 범하는 자들이 되었습니다. 그들의 믿음에 문제가 생긴 것입니다. 따라서 이제 그들은 최고의 법인 사랑을 실천함으로써 그들의 죄를 회개하고 속죄해야 합니다. 그래야만 그들에게 정죄가 없고, 하나님의 칭찬과 복이 임할 것입니다.

사람이 율법을 지키는 것으로 구원받을 수 없음을 아신 주님께서 십자가의 사랑과 긍휼로 우리를 구원하셨습니다. 그러므로 그리스도인은 예수님처럼 사람들에게, 특히 가난하고 불쌍한 사람들에게 사랑과 긍휼을 베풀어야 합니다. 이제 율법은 그리스도인에게 더 이상 짐이 아니라 오히려 그들을 자유하게 하는 것입니다12절. 십자가의 사랑과 은혜로 자유하게 된 그리스도인은 기쁨과 감사함으로 하나님의 법에 순종합니다벧전2:16. 마지막 때에 그리스도인들은 이 법에 따라 심판을 받습니다. 예수님이 십자가의 사랑으로 우리의 구원을 완성하셨듯이, 우리 또한 이웃을 사랑하고 소외된 자들을 사랑할 때 하나님의 법을 완성하게 됩니다. 그러므로 긍휼과 사랑을 베풀지 않는 믿음은 빈껍데기 믿음일 뿐입니다. 긍휼과 자비는 회심한 그리스도인들의 표지mark입니다. 하나님은 긍휼을 베풀지 않는 그리스도인들에게는 똑같이 긍휼 없는 심판을 내리실 것입니다.

사랑을 위해서는 먼저 용납해야 한다.

사람들이 왜 다른 사람을 용납하기 힘들어 하는 것일까요? 그것은 용납하는 것과 인정하는 것을 혼동하기 때문입니다. 우리는 어떤 사람의 생활방식이나 죄를 인정하지 않더라도 그를 용납할 수는 있습니다. 교회는 죄인들이 모인 곳입니다. 또한 그런 죄인들이 성숙해 가는 곳입니다. 우리가 과거에 어디에 속해 있었는지는 중요하지 않습니다. 중요한 것은 지금 우리가 어디에 서 있느냐 하는 것이며, 과연 지금 우리가 예수님을 알고 있느냐 하는 것입니다. 만약 누군가 매일 매일 그리스도를 닮아가고 성장하기를 원한다면, 그는 교회를 찾아가야 합니다. 교회가 바로 그런 곳이기 때문입니다. 교회는 근본적인 부분, 즉 예수님이 주님이시고 성경은 하나님의 말씀이라는 것에 있어서는 일치해야 합니다. 하지만 그렇지 않은 부분에 있어서는 자유하고 사랑해야 합니다.

사랑을 위해서는 용납할 뿐 아니라 존중해야 한다.

사도 바울은 빌립보 교회에게 "아무 일에든지 다툼이나 허영으로 하지 말고 오직 겸손한 마음으로 각각 자기보다 남을 낫게 여기고"빌2:3라고 권면했습니다. 그렇습니다. 나보다 다른 사람을 낫게 여기도록 합시다. 또한 다른 사람에게서 내가 좋아하는 부분을 찾도록 합시다. 다른 사람의 부족한 부분들은 감싸주고 좋은 점들은 칭찬하도록 합시다. 만일 교회의 모든 사람들이 취향이나 성격이 똑같다면, 얼마나 재미없고 답답하겠습니까? 본젤라또 아이스크림의 색깔과 맛이 모두 똑같다면 어떻겠습니까? 사먹고 싶은 마음이 생기겠습니까? 다른 사람들이 지닌 독특성을 존중해야 재미있고 사랑스러운 교회가 될 것입니다.

사랑을 위해서는 다른 사람을 세워줘야 한다.

다른 사람을 용납하고 존중할 뿐 아니라 우리가 할 수 있는 한 최선을 다해 다른 사람을 세워줘야 합니다. 사람들이 넘어질 때 비난하지 말고 긍휼히 여겨야 합니다. 불평하는 자, 정죄하는 자, 비난하는 자, 판단하는 자가 되지 말고 격려하는 사람이 되시기 바랍니다. 때로는 미소를 짓는 것만으로도 사람들을 격려할 수 있습니다. IMF 외환위기가 닥친 후에 열린 '나가노 동계올림픽'에서 쇼트트랙 여자 1000m에서 금메달을 딴 전이경 선수는 인터뷰에서 무엇보다 어려운 경제사정으로 힘이 빠진 국민들에게 기쁨이 되었으면 좋겠다고 했습니다.

교회 안에 하나님의 사람들이 가득 채워지는 것은 우연히 그렇게 되는 것이 아닙니다. 그렇게 되기 위해서는 우리 모두의 노력이 필요합니다. 교회의 분위기를 결정하는 데는 한 사람도 빠짐없이 모두가 영향을 미칩니다. 다른 사람이 내게 잘 대해주기를 기대하기보다 내가 먼저 다른 사람을 잘 대하려고 해야 합니다. 만일 우리가 다른 사람을 격려하고, 그로 말미암아 그가 교회에 나오며 기뻐한다면 얼마나 좋겠습니까? 다른 사람을 외모로 판단하지 말고 용납하고 존중하고 세워주시기 바랍니다. 예수님은 십자가를 지심으로써 우리의 모든 담을 허무셨으며 모든 땅을 평평하게 하셨습니다. 그러므로 우리는 모두 하나님 앞에서 똑같은 사람들입니다.

참된 믿음은 행함이 따라야 합니다

"¹⁴내 형제들아 만일 사람이 믿음이 있노라 하고 행함이 없으면 무슨 유익이 있으리요 그 믿음이 능히 자기를 구원하겠느냐 ¹⁵만일 형제나 자매가 헐벗고 일용할 양식이 없는데 ¹⁶너희 중에 누구든지 그에게 이르되 평안히 가라, 덥게 하라, 배부르게 하라 하며 그 몸에 쓸 것을 주지 아니하면 무슨 유익이 있으리요 ¹⁷이와 같이 행함이 없는 믿음은 그 자체가 죽은 것이라 ¹⁸어떤 사람은 말하기를 너는 믿음이 있고 나는 행함이 있으니 행함이 없는 네 믿음을 내게 보이라 나는 행함으로 내 믿음을 네게 보이리라 하리라"

_야고보서 2장 14~18절

천안에 가면 호두과자 가게 중에 원조 가게가 어디일까 찾습니다. 원조 가게 중 하나인 '천안 호두과자'를 운영하시는 한 권사님은 주님의 사랑을 실천하는 참된 그리스도인이었습니다. 권사님은 금산에서 오는 인삼 행상 아주머니들이 가게에 들러 팔아달라고 요청하면, 어김없이 팔아주고 쉬게 하고 밥도 대접하곤 했습니다. 하루는 자주 들르는 그 아주머니들에게 6.25때 남편의 동생을 금산에서 잃어버린 것을 얘기하고 혹시나 찾을 수 있을지 부탁했습니다. 오랫동안 수소문해도 찾을 수 없었던 동생이었는데, 글쎄 그 아주머니들이 얼마 뒤에 찾아왔다고 합니다.

사람들은 진품에 관심이 많습니다. 그래서 '참 참기름' '진짜 가죽'이란 말을 쓰곤 합니다. '참, 진짜'라는 단어를 붙이면 그것이 더 가치 있는 것으로 느껴집니다, 그런데 우리 그리스도인들은 참된 그리스도인, 진짜 예수쟁이에 얼마나 관심이 있을까요? 다른 것은 그렇게 열심히 진짜를 찾으면서 진짜 그리스도인이 되는 것에는 별로 열심을 보이지 않는 것 같습니다. 참된 그리스도인은 참된 믿음을 가진 사람입니다. 그러므로 참된 믿음이 무엇인지를 잘 살펴서 참된 그리스도인이 되도록 힘써야겠습니다.

참된 믿음은 말만 하는 것이 아니다.

믿음에 대해서 말할 수 있고 또 적절한 성경구절도 많이 알고 있다고 해도 말로 고백하는 그 이상의 것이 없으면 안 됩니다. 예수님은 "나더러 주여 주여 하는 자마다 다 천국에 들어갈 것이 아니요"마7:21라고 말씀하시지 않았습니까! 자동차 뒤에 98.1MHZ CBS기독교방송를 붙였다고 다 참된 그리스도인이 되는 것도 아닙니다. 스스로 그리스도인이라고 아무리 고백하더라도 그의 삶에서 아무런 증거를 찾을 수 없으면 그는 참된 그리스도인이 아닙니다.

본문에서 야고보는 스스로 질문하고 답합니다. 요약하자면 행함이 없는 믿음은 유익이 없고, 그것으로는 구원을 얻을 수 없다는 것입니다. 그렇다면 구원은 믿음으로 얻는 것이 아니라 행함으로 얻는다는 뜻일까요? 그렇지 않습니다. 다만 야고보는 믿음의 능동적인 면을 강조하면서, 이미 믿음을 가졌지만 그 믿음을 행동으로 옮기지 않는 자를 책망하는 것입니다. 14절에서 '행함'에 해당하는 단어인 'ἔργα엘가'는 'ἔργον엘곤, work, action, deed'의 복수입니다. 바울이 데살로니가전서 1장 3절에서 '믿음의 역사'라는 표현을 사용했는데, 여기서 '역사'로 번역된 단어가 바로 본문의 '행함'으로 번역된 단어입니다. 따라서 여기서 행함이라는 것은 믿음으로 말미암아 그의 삶에서 자연스럽게 살아 움직이는 행위를 나타내는 것이라 할 수 있습니다. 야고보에 따르면, 참된 믿음은 그리스도인의 행동과 삶에 영향을 끼칩니다. 예수님을 믿는 믿음은 우리의 마음에서 흘러나와 손과 발로 행할 때에 비로소 의미가 있습니다. 믿음의 말과 믿음의 행동이 합쳐져서 그 결과 하나님을 사랑하고 이웃을 사랑할 때, 비로소 그 믿음이 우리를 구원하는 것입니다. 그리스도인은 행함으로 구원받을 수는 없지만, 행함을 위해 구원을 받습니다.

참된 믿음은 느끼는 것만이 아니다.

그리스도인은 이웃에게 실제로 도움을 주어야 합니다. 이웃들과 실제로 함께 해야 합니다15절. 하나님의 가족의 일원이 되었을 때 우리에게는 이웃에 대한 분명한 책임이 주어집니다. 어떤 그리스도인은 십일조를 내고 또 다시 제2의 십일조를 구제헌금으로 내놓기도 합니다. 결코 여유 있는 생활이 아님에도 불구하고 자기보다 더 어려운 사람들을 위해 그렇게 하는 것입니다, 한편 참된 믿음은 우리로 하여금 다른 그리스도인들과 함께 있고 싶어 하게 만듭니다. 또한 그들을 진심으로 사랑하고 싶어 하게 만듭니다.

미국의 농구 황제 마이클 조던은 흑인이었음에도 백인들에게까지 인기가 있는 운동선수였는데, 은퇴 후에도 멋지게 행동한 영웅이었습니다. 미국의 수도 워싱턴 D.C.는 세계 권력의 중심지이지만, 그 이면에는 어두운 그늘이 있습니다. 워싱턴 D.C. 남동쪽에 위치한 흑인 거리는 해가 뜨지 않는 곳입니다. 희망이 없기 때문입니다. 그런데 그곳의 한 중학교에 마이클 조던이 찾아왔습니다. 그 자리에서 조던은 빈민가 학생들을 바르게 교육하려고 열의를 다하는 교사들을 선발해 1인당 연간 2,500달러씩 지원하겠다고 발표했습니다. 조던 재단은 이 프로그램을 위해 1백만 달러를 기부했습니다. 그러나 돈이 전부가 아니었습니다. 당시 아이들도 교사들도 소리를 지르며 기쁨의 눈물을 흘렸다고 합니다. 조던이 가고 난 후 교장은 "교황이 왔다 해도 주지 못할 뭔가 큰 것을 조던은 학생들에게 주고 갔습니다."라고 말했습니다.

참된 믿음은 생각하는 것만이 아니다.

어떤 사람에게는 믿음이 단지 연구하고 토론하고 서로 이야기하는 것에 불과할 수도 있습니다. 그래서 어떤 지성인 그리스도인은 "제게 생각할 수 있는 자극거리를 많이 주십시오. 그러나 헌신하라고 요구하지는 마십시오."라고 말할 수도 있습니다. 그러나 참된 믿음은 생각만이 아니라 헌신하는 것입니다.

우리 중에서도 확실한 것은 오직 하나님만이 아신다고 믿는 사람들이 정작 행동하지 않는다는 것입니다. 그렇습니다. 믿음은 냄새도 없고, 무게도 없고, 또 눈에 보이지도 않습니다. 하지만 믿음의 결과만큼은 우리가 볼 수 있습니다. 고린도후서 5장 17절을 이렇게 말합니다. "그런즉 누구든지 그리스도 안에서 있으면 새로운 피조물이라 이전 것은 지나갔으니 보라 새것이 되었도다". 물론 이전 것들이 하루아침에 사라지지는 않을 수 있습니다. 그러나 분명한 것은 새로운 것이 시작되었다는 것입니다.

조혜련 코미디언이 어느 공영방송에 출연해서 말하는 중에 자연스럽게 자신이 "재혼을 했고 그리스도인이 되었다."라고 말한 적이 있었습니다. 그때 그녀의 얼굴이 얼마나 밝고 은혜로웠는지 모릅니다. 우리가 220V의 전류가 흐르는 전선을 손으로 잡았을 때 그것을 느낄 수 있습니다. 마찬가지로 우리가 그리스도 안에 있으면 그분 때문에 우리 안에서 변화가 일어나기 시작하는 것을 느낄 수 있어야 합니다. 바울은 로마서 1장 5절에서 "그로 말미암아 …… 그의 이름을 위하여", 6절에서 "예수 그리스도의 것으로", 7절에서 "주 예수 그리스도로부터 은혜와 평강이 있을지어다"라고 말하고 있습니다. 그런데 이러한 고백들은 모두 바울이 3차 선교여행을 죽을 고비를 넘기며 수행하고 있을 때 기록한 것들입니다. 그렇습니다. 참된 믿음은 변화를 창출해 내는 것입니다. 행함은 살아있는 믿음의 열매입니다. 이러한 야고보의 가르침은 열매로 그 나무를 알 수 있다는 예수님의 가르침을 연상시킵니다마7:17-18.

야고보서의 말씀이 우리의 믿음을 점검하는 기회가 되었으면 좋겠습니다. 바울처럼 예수님 때문에 우리의 말과 행동에서 변화가 나타나도록 합시다. 이를 위해 작은 일부터 행하도록 합시다. 구원받은 자로서 하나님을 뜨겁게 사랑하고, 돈이나 지위, 권력에 따라 사람을 차별하는 일 없이 행동으로 사랑합시다.

믿음은 행함과 함께 일합니다

"¹⁹네가 하나님은 한 분이신 줄을 믿느냐 잘하는도다 귀신들도 믿고 떠느니라 ²⁰아아 허탄한 사람아 행함이 없는 믿음이 헛것인 줄을 알고자 하느냐 ²¹우리 조상 아브라함이 그 아들 이삭을 제단에 바칠 때에 행함으로 의롭다 하심을 받은 것이 아니냐 ²²네가 보거니와 믿음이 그의 행함과 함께 일하고 행함으로 믿음이 온전하게 되었느니라 ²³이에 성경에 이른 바 아브라함이 하나님을 믿으니 이것을 의로 여기셨다는 말씀이 이루어졌고 그는 하나님의 벗이라 칭함을 받았나니 ²⁴이로 보건대 사람이 행함으로 의롭다 하심을 받고 믿음으로만은 아니니라 ²⁵또 이와 같이 기생 라합이 사자들을 접대하여 다른 길로 나가게 할 때에 행함으로 의롭다 하심을 받은 것이 아니냐 ²⁶영혼 없는 몸이 죽은 것 같이 행함이 없는 믿음은 죽은 것이니라"
_야고보서 2장 19~26절

코로나19가 한창 극성이던 시기에 문재인 대통령은 해외 백신을 충분히 확보하라고 지시했습니다. 그러나 보건복지부를 비롯한 정부 부처는 백신 도입 과정에서 예상되는 법적 문제의 검토 등으로 시간을 보내다가 실제 행동에 나선 것은 그로부터 두 달 뒤였습니다. 그렇습니다. 행동이 뒤따르지 않는 것들은 참된 것들이 아닙니다. 마찬가지로 참된 믿음을 가진 성도는 행동합니다. 행동하며 큰 기쁨을 누립니다. 참된 믿음은 말만 하는 것이 아닙니다. 그것은 느끼는 것만도 아니며, 생각하는 것만도 아닙니다. 그보다 참된 믿음은 행동하는 것입니다.

참된 믿음은 지적으로 믿는 것만이 아니다.

누구보다도 자신 있게 하나님에 대한 믿음을 고백하며, 사도신경과 교리문답을 외우며, 성경구절을 술술 이야기하는 사람들이 있습니다. 야고보는 그런 자들을 향해 "잘하는도다$\chi\alpha\lambda\tilde{\omega}\varsigma\ \pi o\iota\epsilon\tilde{\iota}\varsigma$(칼로스 포이에이스)"19절라고 말합니다. 그러나 이 표현에는 칭찬보다는 힐난과 책망의 의미가 담겨있습니다. 이는 우리가 종종 똑똑한 체하는 사람들을 향해 "그래 너 잘났다."라고 말하는 것과 같습니다. 그러니까 지금 야고보는 믿음에 대해 지적으로 똑똑한 체하는 자들을 향해 책망하고 있는 것입니다.

하나님에 대해서는 "귀신들도 믿고 떱니다$\phi\rho\acute{\iota}\sigma\sigma\omega$(프리쏘)"19절. 그런데 여기서 '떨다'라는 단어는 마술사가 마법의 힘으로 사람을 두렵게 하거나 기를 죽여 무기력하게 한 상태를 나타낼 때 사용하는 것이지, 하나님을 경외하는 마음으로 예배하고 섬기는 상태를 나타낼 때 사용하는 것이 아닙니다. 사탄과 귀신들은 우리보다 성경에 대해서 더 잘 알고 하나님의 광대하심과 위대하심에 대해서도 더 잘 알고 있습니다. 그러나 귀신들이 믿고 떠는 것은 단순히 지적으로 믿고 떠는 것입니다. 예를 들어, 우리는 히틀러를 믿습니다. 그가 존재했고 또 어떠했는지를 압니다. 그렇다고 해서 우리가 나치주의자인 것은 아닙니다. 반면 우리는 예수님을 진심으로 믿습니다. 그렇기 때문에 우리는 그리스도인입니다. 이때 우리의 믿음은 머릿속의 지식 이상을 말합니다. 지적으로 수긍하며 교회를 다니고 성경도 읽고 기도하고 찬송도 부르지만 정작 행동하지 않는다면, 그것은 참된 믿음이라 할 수 없습니다.

참된 믿음은 행하는 것이다.

야고보는 성경을 읽는 그리스도인들 중에 행함이 없는 자를 향해 "허탄한 사람"20절이라고 합니다. '허탄하다χενός(케노스)'라는 단어는 문자 그대로 '텅 비다'라는 뜻입니다. 즉 행함이 없는 성도는 겉은 멀쩡해 보여도 속은 텅 비어 있다는 뜻입니다.

본문에서 야고보는 서로 극명하게 다른, 양극단의 모습을 보이는 두 사람을 소개하고 있습니다. 그들은 아브라함과 라합인데, 아브라함은 남자이고 라합은 여자입니다. 아브라함은 족장이고 라합은 기생입니다. 아브라함은 유명인사이고 라합은 천민입니다. 야고보가 이러한 양극단의 두 사람을 예로 들면서 말하고자 했던 것은 무엇일까요? 그것은 누구든 가장 소중한 한 가지를 가지고 있다면, 그 사람이 누구인지는 전혀 문제되지 않는다는 것입니다. 아브라함과 라합은 전혀 다른 사람들이었지만 그들에게 한 가지 공통점이 있었는데, 그것은 다름 아닌 행함으로 증명하는 하나님께 대한 믿음이었습니다.

아브라함과 라합의 믿음, 그리고 행함

아브라함은 오래전부터 이미 믿는 사람이었습니다. 뿐만 아니라 하나님은 그를 오래전부터 의롭다고 선언하셨습니다. 물론 그것은 아브라함 자신에게서 나온 행위 때문이 아니었습니다. 아브라함의 행함은 그의 믿음에서 나온 것이었고, 그 믿음의 행위를 하나님은 의롭다고 인정하신 것이었습니다. 이렇듯 야고보는 아브라함의 믿음과 행함이 결코 분리되지 않았음을 보여줍니다. 아브라함은 믿음을 바탕으로 그가 해야만 했던 것들을 행했을 뿐입니다. 그 정점에 있었던 것이 아들 이삭을 하나님께 바친 것이었습니다. 이는 하나님이 아브라함에게 요구하셨던 최종적인 테스트였습니다. 아브라함은 즉시 순종했습니다. 하나님이 어떻게든, 심지어 자신의 아들을 죽였다가 살려서라도, 다시 돌려주실 것임을 알았기 때문입니다히11:19. 이는 이삭을 통해 후손을 번성시키겠다는 하나님의 약속을 믿은 결과이기도 했습니다창15:6. 그래서 아브라함이 이삭을 제물로 바치려고 할 때에 하나님은 급하게 중단시키셨던 것입니다. 하나님은 단지 아브라함이 그의 삶에서 무엇을 가장 중요하게 생각하는지를 시험하셨을 뿐입니다.

믿음은 행동입니다. 아브라함은 행동으로 그의 믿음을 증명했습니다. 22절에서는 "믿음이 그의 행함과 함께 일하고"라고 말하는데, 이는 아브라함의 믿음과 행함이 서로 불가분의 관계요 짝을 이루고 있다는 사실을 명확하게 보여줍니다. 특히 여기서 '함께 일하고συνήργει(쉬넬게이)'는 미완료 과거 시제로서, 그런 상태가 과거에 지속적이었다는 의미를 나타냅니다. 즉 야고보가 인용한 창세기 15장 6절23절과 창세기 22장 1-13절21절의 사건 사이에는 약 30년이라는 세월이 흘렀는데, 그 세월동안 믿음에 기초한 아브라함의 행함이 그의 믿음을 더욱 성숙하게 하였던 것입니다. 그런 의미에서 23절에서 "말씀이 이루어졌다"라고 말하는 것입니다.

한편 아브라함이 하나님의 풍성한 은혜를 경험하고 믿음으로 행하였다면, 라합은 열악한 조건 가운데서도 하나님의 존재와 권세를 확실하게 믿었습니다수2:9-11. 라합은 이 믿음에 근거하여 여리고에 들어온 두 명의 정탐꾼을 도왔습니다. 그녀는 하나님을 믿는 이스라엘이 요단강을 건너 가나안 땅으로 들어오고 있을 때 자신도 하나님을 믿어야겠다고 생각했습니다. 그리고는 하나님을 향한 신앙고백의 표현으로서 정탐꾼을 구하기 위해 자신의 목숨을 걸었습니다. 결국 라합은 예수님의 족보에까지 오르게 되었습니다.

믿음과 행함은 동일한 것은 아니지만, 그렇다고 그것들을 분리할 수 있는 것도 아닙니다. 왜냐하면 믿음과 행함은 각자의 고유한 기능과 역할이 있기 때문입니다. 야고보는 이 같은 믿음과 행함의 관계를 몸의 구조의 예를 들어서 설명합니다26절. 즉 살아있는 몸에 영혼이 있는 것처럼, 살아있는 믿음에는 행함이 있다는 것입니다. 그와 반대로 영혼이 없는 몸이 죽은 것처럼, 행함이 없는 믿음은 죽은 것이 됩니다.

우리의 믿음은 우리가 행하는 것에 의해서 결정되는 것이 아니라 우리가 행하는 것에 의해 보이는 것입니다. 즉 우리의 믿음은 우리의 행동으로 나타납니다. 행동은 말보다 훨씬 더 크게 말합니다. 우리의 행동은 우리가 진정으로 믿는 바가 무엇인지를 보여줍니다.

〈묵상과 나눔을 위한 질문들〉

1. 나는 사람을 무엇으로 평가하나요? 다른 사람의 가치를 제대로 평가하고 있다고 생각하 나요?

2. 다른 사람에게 차별당해 본 적이 있나요? 그때 어떤 감정이 들었나요? 또한 그렇다면 나 는 다른 사람을 어떻게 대해야 할까요?

3. 내게 믿음이 있음을 다른 사람에게 어떻게 보일 수 있을까요? 또는 나는 어떤 말과 행동 으로 나의 믿음을 표현하고 있나요?

야고보서 3장

혀를 잘 길들이는 방법

"¹내 형제들아 너희는 선생된 우리가 더 큰 심판을 받을 줄 알고 선생이 많이 되지 말라 ²우리가 다 실수가 많으니 만일 말에 실수가 없는 자라면 곧 온전한 사람이라 능히 온 몸도 굴레 씌우리라 ³우리가 말들의 입에 재갈 물리는 것은 우리에게 순종하게 하려고 그 온 몸을 제어하는 것이라 ⁴또 배를 보라 그렇게 크고 광풍에 밀려가는 것들을 지극히 작은 키로써 사공의 뜻대로 운행하나니 ⁵이와 같이 혀도 작은 지체로되 큰 것을 자랑하도다 보라 얼마나 작은 불이 얼마나 많은 나무를 태우는가 ⁶혀는 곧 불이요 불의의 세계라 혀는 우리 지체 중에서 온 몸을 더럽히고 삶의 수레바퀴를 불사르나니 그 사르는 것이 지옥 불에서 나느니라 ⁷여러 종류의 짐승과 새와 벌레와 바다의 생물은 다 사람이 길들일 수 있고 길들여 왔거니와 ⁸혀는 능히 길들일 사람이 없나니 쉬지 아니하는 악이요 죽이는 독이 가득한 것이라 ⁹이것으로 우리가 주 아버지를 찬송하고 또 이것으로 하나님의 형상대로 지음을 받은 사람을 저주하나니 ¹⁰한 입에서 찬송과 저주가 나오는도다 내 형제들아 이것이 마땅하지 아니하니라 ¹¹샘이 한 구멍으로 어찌 단 물과 쓴 물을 내겠느냐 ¹²내 형제들아 어찌 무화과나무가 감람 열매를, 포도나무가 무화과를 맺겠느냐 이와 같이 짠물이 단 물을 내지 못하느니라"

_야고보서 3장 1~12절

요즘 시대에는 토크쇼가 유행입니다. TV프로그램을 보면 잘 알 수 있습니다. 각방송사마다 다양한 토크쇼 프로그램이 편성되어 있습니다. 특히 연예인들을 출연시켜 그들의 어릴 적 이야기, 결혼이야기, 이혼이야기 등 온갖 이야기들을 하고 있습니다. 본문 1절에서 "선생"은 초기 기독교회에서 교리와 신앙을 가르치는 중요한 임무를 맡았습니다. 때문에 그들의 실수는 종종 말에서 비롯됩니다. 이에 야고보는 한편으로 선생의 중요한 역할과 명성에 대해 말하면서도, 다른 한편으로 선생의 부정적인 영향력과 해악을 경계합니다1-2절. 야고보는 신약성경의 그 누구보다도 혀에 대해 많이 이야기합니다. 특히 본문 2절에서는 "우리가 다 실수가 많으니겸손 만일 말에 실수가 없는 자면 곧 온전한 사람이라"고까지 말합니다.

인생의 방향을 결정하는 혀의 힘

혀는 아주 작은 것이지만 인생의 방향을 결정하는 막대한 힘을 가지고 있습니다. 이는 마치 큰 말horse의 입에 작은 재갈을 물려 마음대로 부리는 것3절이나, 큰 배가 작은 키로 파도와 바람을 가르며 나아가는 것4절과 같습니다. 우리의 작은 혀가 우리 인생의 운전대입니다. 그만큼 작은 말 한마디가 우리의 인생에 영향을 미칠 수 있습니다. 우리의 인생의 목적이 무엇인지 알고 싶은가요? 앞으로 십년동안 우리의 인생이 어디로 갈 것인지 궁금한가요? 그렇다면 우리의 대화를 점검해보시기 바랍니다. 우리가 하는 이야기의 내용대로, 우리가 가장 많이 이야기하는 방향대로 우리의 인생이 흘러갈 것입니다. 우리가 말의 내용을 결정하기도 하지만, 동시에 우리의 말이 우리의 모습을 결정하기도 합니다. 그러므로 만약 우리가 지금 가고 있는 삶의 방향을 바꾸기 원한다면, 먼저 우리가 말하는 방식을 바꾸어야 합니다.

화이자와 모더나라는 코로나19 백신이 탄생하는 데는 유대인 연구원 카탈

린 카리코의 외롭고도 힘든 40년의 헌신이 있었다고 합니다. 그녀는 1997년 면역학의 대가 드루 와이즈만 교수를 만나 '와이즈만-카리코 프로젝트'를 진행했고, 이것이 코로나19 백신 연구로 연결되었던 것입니다. 그녀뿐만 아니라 당시 코로나19 백신 개발 회사들의 주역들이 대부분 유대인이었다고 합니다. 그만큼 의학에 헌신한 유대인들이 많았고, 그 역사는 오래되었습니다. 이번 코로나19 백신 개발에도 유대인 의사가 많이 참여했는데, 이는 모두 세계를 고친다는 '티쿤 올람' 사상 때문이라고 할 수 있습니다. 유대인은 13세 때 치르는 성인식에서 랍비와 문답을 하게 되는데, 그때 랍비가 "네 삶의 목적이 무엇이냐?"라고 물으면, 그는 "티쿤 올람에 기여하는 삶을 살겠습니다."라고 말한다고 합니다. 그렇게 말하고 또한 그 말하는 대로 살아가니까 유대인들 중에서 인류를 위한 사람들이 많이 나오는 것이 아닐까 싶습니다. 우리나라에서도 이러한 이타적 가치관을 가지고 의학 연구나 신약 개발에 헌신하는 의사가 많이 나오기를 바랍니다.

모든 것을 파멸시킬 수 있는 혀의 힘

그러나 한편으로 혀는 우리의 소유를 파멸시킬 수도 있습니다. 마치 잘 가꾸어진 숲과 키 크고 아름다운 나무들이 성냥불 하나로 한 순간에 재로 변해 버릴 수 있는 것과 같습니다5절. 오늘날 너무나 많은 사람들이 부주의한 말 한마디 때문에 자신들의 결혼과 평판, 명성 혹은 교회나 우정 등을 파괴시키고 맙니다. 종종 운전 연수를 남편에게서 받다가 이혼하게 되는 경우도 있습니다. 잘 제어된 불은 많은 양의 빛과 따뜻함을 가져다줍니다. 마찬가지로 잘 제어된 말은 사람들 사이에 많은 흐뭇함과 사랑을 가져옵니다. 그러나 잘 제어되지 못한 말은 제어되지 못한 불처럼 치명적인 것이 될 수 있습니다.

야고보는 혀를 불에 비유하며 그 파괴의 위험성을 말합니다. 그래서 혀를 "불의의 세계"라고 평합니다6절. 혀는 몸의 작은 지체에 불과하지만, 다른 모든 지체들 중에서도 가장 강한 불의의 세계가 머무는 곳입니다. 혀는 거짓을 말하고, 남을 비방하고, 미움을 불러일으키고, 파당을 짓게 만들고 온갖 죄를 짓게 만들 수 있습니다. 사람이 죄 짓는 것 중에 혀와 관계되지 않은 죄가 거의 없을 정도입니다. "삶의 수레바퀴"를 불사른다는 말6절은 절제되지 않은 혀가 우리의 삶 전체를 망가뜨릴 수 있다는 뜻입니다. 그런 점에서 절제되지 않은 혀는 지옥에서 나오는 불입니다. 즉 사탄이 절제하지 못한 우리의 혀에 불을 놓는 것입니다.

우리의 성품을 나타내주는 혀의 힘

혀는 우리가 어떤 사람인지를 나타내줍니다. 우리의 진짜 성품이 무엇인지, 우리 안에 진짜로 무엇이 있는지를 보여줍니다. 전라남도에서 어떤 전문조사기관을 통해 전화친절 공무원을 뽑은 적이 있었습니다. 그때 뽑힌 공무원은 항상 모든 민원인의 전화에 친절하게 응했을 뿐 아니라 그 결과까지도 성실하게 통보해주었다고 합니다. 심지어 담당자가 없을 때에는 자신이 직접 전화를 받아서 답변하고 법률까지 찾아가면서 시원하게 대답해주었답니다. 그래서 전화를 했던 사람들이 하나같이 "이렇게 친절한 공무원이 있느냐?"라고 말했답니다.

길들일 수 없는 혀의 힘

혀를 길들일 사람은 아무도 없습니다. 왜냐하면 인간이 타락했을 때 혀를 통제할 능력을 함께 상실하였기 때문입니다8절. 그러나 하나님은 능히 하실 수 있습니다. 때문에 하나님의 은혜로 회심한 그리스도인은 성령님의 내주하심과 역사하심으로 혀를 통제할 수 있는 것입니다. 반면 하나님의 도우심을 구하지 않는 사람은 그 안에 있는 죄의 본성을 그대로 드러내게 됩니다.

혀를 잘 다스리는 방법

이렇게 강력하고 다루기 힘든 혀를 잘 다스리기 위해서 야고보는 먼저 그 근거를 잘 살펴보라고 말합니다11절. 왜냐하면 샘에 어떤 물이 있든지 그 물이 그대로 밖으로 나오기 때문입니다. 마태복음 12장 34절에서도 "이는 마음에 가득한 것을 입으로 말함이라"고 했습니다. 만약 우리의 혀에 문제가 있다면, 그것은 실제로 우리의 마음에서 비롯되는 문제라는 것입니다. 따라서 혀를 잘 다스리기 위해서는 우리가 먼저 새 마음을 얻어야만 합니다고후5:17. 예수님도 정결한 마음에 대해 말씀하셨습니다막7:14-16. 우리가 새 마음을 얻어 그것으로 "주 아버지τὸν κύριον καὶ πατέρα(톤 퀴리온 카이 파테라)"를 찬송할 때9절, 우리의 혀는 제어될 수 있습니다. 여기서 '주 아버지'는 신약에서 한 번만 나오는 표현인데, 이는 유대인들이 찬송할 때 사용하던 표현을 야고보가 차용한 것입니다.

혀를 잘 다스리기 위해서는 또한 다윗처럼 기도해야 합니다시51:10. 매일 하나님의 도우심을 구해야 합니다. 그리고 성령 충만을 간구해야 합니다. 왜냐하면 우리 스스로는 혀를 다스릴 수 없기 때문입니다. 우리에게는 초자연적인 능력이 필요합니다시141:3. 그리고 무엇보다 우리의 마음을 매일 하나님의 말씀으로 채워야 합니다. 우리의 마음에 채워진 것이 계속해서 혀를 통해 나가는 것이기 때문입니다. 그럼에도 주일 예배시간 외에는 일주일 내내 성경을 한 번도 안 보는 그리스도인들이 많은데, 그래서는 안 됩니다. 매일 말씀을 읽고, 암송하고, 필사하고, 묵상함으로써 우리의 마음에 말씀을 채워야 합니다. 이 외에도 말하기 전에 한 번 더 생각하는 것도 혀를 잘 다스리는 중요한 방법입니다약1:19.

성령님의 능력을 의지하면서 혀를 훈련하고 잘 다스려서, 성숙하고 건강한 그리스도인으로 살아갑시다. 우리의 입술로 찬송과 기도를 말하고, 우리의 마음을 말씀으로 채움으로써 날마다 긍정적인 것들과 창조적인 것들을 자신에게 뿐 아니라 다른 사람들에게도 말합시다. 복음의 말씀을 전하고 희망찬 미래를 말하며 살아갑시다. 혀를 잘 다스리는 가장 기본적인 방법은 '성령님 안에서 말씀과 기도와 찬송'입니다.

누가 위로부터 내려오는
지혜를 가진 자입니까?

"[13]너희 중에 지혜와 총명이 있는 자가 누구냐 그는 선행으로 말미암아 지혜의 온유함으로 그 행함을 보일지니라 [14]그러나 너희 마음 속에 독한 시기와 다툼이 있으면 자랑하지 말라 진리를 거슬러 거짓말하지 말라 [15]이러한 지혜는 위로부터 내려온 것이 아니요 땅 위의 것이요 정욕의 것이요 귀신의 것이니 [16]시기와 다툼이 있는 곳에는 혼란과 모든 악한 일이 있음이라"

_야고보서 3장 13~16절

북미 쪽에서 잡히는 연어들은 이제 나이를 먹어도 일정한 크기 이상으로 자라지 않는다고 합니다. 사람들이 큰 놈만 잡아가는 걸 알아차려서 그렇답니다. 연어들이 살아남기 위해 택한 지혜로운 방법이지만, 한편으로 우리의 마음을 아프게 합니다. 오늘날 세계에서 일어나는 문제들은 우리에게 지식과 정보가 없어서가 아니라 지혜가 없어서 일어나는 것입니다. 사실 우리에게는 너무나 많은 지식과 정보가 있습니다. 문제는 그것이 지혜롭게 쓰이지 않는다는 데 있습니다. 지혜롭게 쓰이지 않을 경우, 그 지식과 정보는 오히려 우리에게 해를 끼치게 됩니다.

위로부터 내려오는 지혜

　성경은 지혜에 관해 많이 말합니다. 따라서 성경을 읽으면 지혜가 생깁니다. 특히 잠언을 보시기 바랍니다. 세상 지혜는 책을 많이 읽고 경험을 많이 하면 얻어지기도 합니다. 그러나 위로부터 내려오는 지혜는 기도를 해야 하고 성령님이 부어 주셔야 합니다. 또한 말씀을 읽고 들어야 합니다. 그리스도인으로서 우리의 가장 큰 고민이 무엇일까요? 믿음대로 살지 못한다는 것 아닐까요? 그렇다면 위로부터 내려오는 지혜를 구하시기 바랍니다. 하나님의 지혜, 성령님의 지혜를 얻으시기 바랍니다. 그렇게 되면 험한 세상에서 하나님이 원하시는 대로 지혜롭게 사는 복을 받을 것입니다. 기쁨과 감사의 찬송으로 살 수 있을 것입니다.

　야고보는 1장에서 그리스도인들에게 지혜가 부족하거든 후히 주시는 하나님께 간절히 구하여 얻으라고 권면했습니다5절. 그리고 본문 13절에서는 그리스도인들에게 하나님이 주시는 그 지혜를 가지고 있는지 스스로 점검하라고 가르칩니다. 그러면 어떻게 점검할 수 있을까요? 그것은 우리가 말하는 것과 행하는 것으로 할 수 있습니다. 즉 우리의 말과 행동으로 우리에게 하나님의 지혜와 총명이 있는지를 알 수 있다는 것입니다. 하나님의 지혜와 총명을 가진 그리스도인들은 하나님의 진리의 말씀을 매일의 삶속에 적용하고 실천하는 자들입니다. 그래서 지혜로운 그리스도인들은 실타래처럼 얽혀있는 삶의 난제들에 직면해서도 옳게 결정하고 행동하는 통찰력과 추진력을 보입니다.

　원래 지혜σοφός(소포스)는 랍비나 서기관 혹은 율법학자들에게 사용되는 전문 용어이고, 총명ἐπιστήμων(에피스테몬)은 특별한 지식이나 훈련을 받은 전문가를 지칭할 때 사용되는 용어입니다. 따라서 지혜와 총명을 가진 그리스도인들이란 삶의 어려운 문제들에 하나님의 말씀을 잘 적용하고 실천하는 신앙의 전문가요 영적인 전문가라고 할 수 있습니다. 즉 야고보는 그리스도인들에게 악한 세상에서 진리의 말씀에 따라 바르게 말하고 바르게 행동하므로 그들의 지혜를 생활에서 나타내 보이라고 가르치는 것입니다.

선행으로 나타나는 지혜

위로부터 내려온 지혜와 총명을 가진 자는 먼저 선행으로 그 지혜와 총명을 나타냅니다. 선행은 고상한 행동으로서 가치 있고 칭찬받을만한 행동을 의미합니다. 우리가 하는 행동의 동기가 선하고 결과도 선할 때, 그것을 선행이라 할 수 있습니다. 따라서 아무리 똑똑하고 술수가 능한 행동이어도 그 동기가 나쁜 것이라면 선행이 아니며 하나님으로부터 온 것도 아닙니다. 사람들을 축복하고 도와주기 위한 동기에서 나오는 것이 아니라면 하늘의 지혜가 아닙니다. 유대인들이 예수님을 시험하려고 간음하다 현장에서 잡힌 여인을 데려온 적이 있습니다. 그들은 이 여인을 어떻게 처리해야 하냐고 물었습니다. 이에 대답하는 것은 참으로 어려운 문제였습니다. 하지만 예수님은 "너희 중에 죄 없는 자가 먼저 돌로 치라"요8:7고 지혜롭게 대답하심으로써, 그 여인도 살리고 유대인들의 마음에도 큰 교훈을 주었습니다.

변호사에게 사건을 의뢰했던 어떤 의뢰인이 계약 조건이 잘 이행되지 않자 수임료를 돌려받기 위한 진정을 수개월 동안 진행했다고 합니다. 그런데도 아무런 반응이 없던 변호사들이 신문에 관련 보도가 나가자 그때서야 8,000만원을 의뢰인에게 입금했다고 합니다. 물론 수임료를 반환하면서 협박도 하고 두고 보자는 말도 했다고 합니다. 많은 의뢰인들이 소위 법률전문가들로부터 이같은 유·무형의 협박에 시달리며 무리한 액수의 돈을 얼마나 많이 쏟아 붓고 있는지 짐작해 볼 수 있는 대목입니다. 따라서 선한 하늘의 지혜를 가진 믿음의 법률전문가들이 우리 가운데서 많이 나와야 합니다.

온유함으로 나타나는 지혜

위로부터 내려오는 지혜와 총명을 가진 자는 온유함으로도 그 지혜와 총명을 나타냅니다. '온유함πραΰτης(프라우테스)'이라는 단어는 재갈 물리는 것에 순종하고 길들여진 말horse을 묘사할 때 사용하는 용어로서, 여기서는 성령님의 통제 하에 있는 힘을 의미한다고 할 수 있습니다. 즉 성령님의 통제 아래 있는 그리스도인은 겸손과 온유함으로 가치 있고 칭찬받을 만한 행동을 한다는 것입니다. 일반적으로 세상에서 지혜가 많다고 할 때는 다른 사람이 모르는 것을 많이 알고 있다는 자랑의 의미가 담겨있습니다. 그러나 하늘의 지혜를 가진 사람은 오히려 온유합니다. 그렇지 않고 교활하고 남을 억압하고 사납게 구는 것은 하나님으로부터 온 지혜가 아닙니다.

행동으로 나타나는 지혜

위로부터 내려온 지혜와 총명을 가진 자는 행동으로 그 지혜와 총명을 나타냅니다. 행동하지 않는 지혜는 참 지혜가 아닙니다. 행동은 야고보가 특별히 강조하는 주제입니다. 결국 행동하는 지혜가 열매를 맺는 것입니다. 그리고 그 열매가 바로 17절에서 말하는 성결과 양순, 관용, 긍휼 등의 선한 열매입니다. 어떤 사람의 열매를 보면 그 사람이 지닌 지혜가 어떤 지혜인지 알 수 있습니다. 하나님의 지혜를 가진 사람은 세상 가운데서 하나님의 능력을 받아서 평화를 심고 의의 열매를 맺습니다. 그는 결국 세상을 이기며, 정욕을 이기며, 사탄을 이기며, 개선가와 승리의 깃발을 높이 들게 될 것입니다.

선행과 온유함, 행동으로 나타나는 위로부터 내려오는 지혜가 우리에게 있는지 점검하시기 바랍니다. 세상이 주는 많은 지식과 정보들에만 너무 함몰되지 마시고, 또 그것으로 자랑하지도 맙시다. 그보다 위로부터 내려오는 지혜와 총명을 사모합시다. 그래서 성경을 통해, 그리고 성령님을 통해 그런 지혜를 얻읍시다. 그리고 선행과 온유함, 행동으로 그 지혜를 나타냅시다. 그리할 때 하나님이 기뻐하시고 사람들이 기뻐하는 열매를 맺게 될 것입니다.

땅 위의 지혜를 자랑하지 맙시다

"¹⁴그러나 너희 마음속에 독한 시기와 다툼이 있으면 자랑하지 말라 진리를 거슬러 거짓말하지 말라 ¹⁵이러한 지혜는 위로부터 내려온 것이 아니요 땅 위의 것이요 정욕의 것이요 귀신의 것이니 ¹⁶시기와 다툼이 있는 곳에는 혼란과 모든 악한 일이 있음이라"

_야고보서 3장 14~16절

칭찬받을 만한 고상한 행동으로 온유하고 지혜롭게 행하는 사람이 위로부터 내려오는 지혜를 가진 자입니다. 그것은 하늘로부터 내려오는 하나님의 지혜입니다. 그런데 한편으로 야고보는 위로부터 내려오는 지혜와는 반대되는 땅 위에서 나오는 세상적인 지혜는 자랑하지 말라고 말합니다. 그것은 마음속의 독한 시기와 다툼을 나타내 보일 것이기 때문입니다.

독한 시기와 다툼에서 비롯되는 자랑

위로부터 내려오는 지혜를 소유하지 않은 자의 마음은 독한 시기와 다툼으로 가득 차 있습니다. 14절에서 "독한 시기πικρός ζῆλος(피크로스 젤로스)"는 죄로 가득 찬 열정으로 질투하고 분노하는 것을 의미합니다. "다툼ἐριθεία(에피쎄이아), 이기적 야심, 파당심"은 오직 자기만을 위해 살고자 하며, 그 욕망을 통해 얻을 수 있는 것에 만 관심을 갖는 이기적인 마음을 의미합니다. 따라서 독한 시기를 가진 자는 죄로 가득 찬 열정으로 남의 업적과 공로를 질투하며 분노하다가 결국은 다툼을 일으키게 됩니다. 14절의 이러한 표현들은 13절과 대조적인 모습을 보이는데, 이는 갈라디아서에서 바울이 말하는 육신을 따르는 자와 성령을 따르는 자의 대조, 즉 "성령의 열매는 온유와 절제"갈5:23인 반면, 육신의 일은 "시기와 분쟁과 방탕함……"갈5:19-21이라는 대조와 비슷합니다.

한편 야고보는 "너희 마음속에"라면서 2인칭 복수를 사용하는데, 이로써 그는 교회의 성도들 중에 독한 시기와 이기적 욕망으로 가득 찬 사람들이 있음을 지적합니다. 더불어 그의 독자들의 영적인 상태를 염려합니다. 독한 시기를 마음에 품는 것은 죄입니다. 이기적인 욕망으로 가득 찬 성도는 최고의 법인 "네 이웃을 네 몸과 같이 사랑하라"2:8는 가르침을 저버리는 자입니다. 그럼에도 교회의 성도들 중 일부가 독한 시기와 이기적인 욕망을 사람들에게 자랑하고 있었습니다. 땅의 지혜가 있으면 자기 안에 이기적인 욕심이 생기는데도 그런 것에 아랑곳하지 않고 그저 자기가 지혜롭다고 자랑하는 것입니다.

시편 기자는 "악인은 그의 마음의 욕심을 자랑하며 탐욕을 부리는 자는 여호와를 배반하며 멸시하나이다"시10:3라고 했고, 바울도 "기록된바 자랑하는 자는 주 안에서 자랑하라 함과 같게 하려 함이라"고전1:31고 했습니다. 그렇습니다. 자신의 지혜를 자랑하는 것은 참으로 어리석은 것입니다. 그런 자랑은 모두 진리를 거스르는 것입니다. 나아가 진리를 거스르는 자랑은 거짓을 말하는 것이고 죄를 짓는 것입니다요일2:16. 만일 그런 악독을 계속 행한다면, 그것은 성령님을 근심하게 하는 것이요엡4:30,31, 장차 징계를 받게 될 것입니다.

땅 위의 지혜, 정욕의 지혜, 귀신의 지혜

15절에서는 독한 시기와 이기적 욕망이 가득 찬 지혜는 엄밀한 의미에서 지혜가 아니라고 가르칩니다. 그러면서 소위 지혜라고 불리는 것의 근원과 특징들에 대해 설명합니다. 즉 그것의 근원은 하늘이 아니라 땅이라는 것입니다. 그것의 특징은 세속적이요 정욕적이며 악마적입니다. 지혜가 땅위의 것세속적인 것이란 말은 세상의 시각만을 기준 삼아 적용하는 불완전한 지혜를 의미합니다. 그런데 세상적인 기준은 상대적인 것이어서 언제든지 쉽게 변합니다. 또한 그러한 지혜를 가진 자는 항상 땅의 일만 생각합니다빌3;19 "그들의 마침은 멸망이요 그들의 신은 배요 그 영광은 그들의 부끄러움에 있고 땅의 일을 생각하는 자라".

한편 지혜가 정욕의 것이라 함은 욕구와 정욕에 복종하며 감각적인 본성에 의해 지배받는 지혜를 말합니다. 곧 짐승들처럼 본성적인 욕망에 지배되어 살아가는, 성령이 결여된 상태를 말하는 것입니다. 또한 지혜가 귀신δαιμονιώδης(다이모니오데스)의 것이라는 말은 신약성경에서 오직 이곳에서만 나타나는데, 사실 세상적이고 정욕적인 지혜들을 조장하는 보이지 않는 배후 세력으로는 사탄이 있다고 말할 수 있습니다. 우스갯소리로 '다이모니오데스'라는 헬라어 음역을 생각할 때, 우리에게 '다이아몬드'를 생각나게 하는 지혜들을 귀신의 지혜라고 말할 수 있지 않을까 싶습니다. 사탄은 사람들에게 시기와 이기적인 야망을 품도록 부추기고 평화로운 공동체를 파괴하기 위해 혈안이 되어 있습니다. 사탄에게서 나오는 지혜는 영리하며, 설득력이 있습니다. 과거 히틀러가 사람들을 얼마나 잘 설득하며 선동했습니까? 하지만 그러한 지혜로 가득한 자는 자신이 속해 있는 공동체에 분열을 일으키고 타인에 대한 배려를 전혀 하지 않습니다. 바울은 이에 관해 "후일에 어떤 사람들이 미혹하는 영과 귀신의 가르침을 따를 것"이라고 경고했습니다딤전4:1. 야고보 또한 땅위의 지혜를 육에 속한 지혜로 보고, 육에 속한 사람을 성령을 받지 않은 사람으로 봅니다. 반면 하늘의 지혜를 가진 그리스도인은 영에 속한 사람으로 성령을 받은 사람들입니다고전2:12.

하나님의 지혜와 사람의 지혜

야고보는 하나님에게서 온 지혜와 사람에게서 난 지혜를 대조할 때 강한 어투를 사용합니다. 하나님의 지혜를 가진 그리스도인은 끊임없이 하나님께 기도합니다. 기도하면서 지혜의 근원이신 하나님과 교통합니다. 그러면 하나님은 그에게 하늘의 지혜를 풍성히 부어주십니다1:5. 반면 땅위의 지혜를 가진 사람은 믿음도 없고 기도도 하지 않습니다. 그의 지혜는 독한 시기와 이기적인 욕망에서 나옵니다. 그것은 사람에게서 유래된 위장된 지혜로, 거룩하지 않으며 영적인 것을 대적합니다. 인간의 감성과 이성에만 기초하여 세상의 가치관과 세속적인 것에 초점을 맞추며 충동적입니다. 이 같은 땅위의 지혜에는 하나님의 영이 부재하므로 죄가 관영할 수밖에 없습니다. 실로 땅위의 지혜의 실제적인 근원은 사탄입니다. 그리스도인들이 이러한 사탄의 지혜를 퍼뜨리는 도구가 된다면 정말 불행한 일이 아닐 수 없습니다. 그런데 야고보의 말을 보면 사탄이 유대 기독교회의 그리스도인 중 얼마를 이용했다는 인상을 받습니다.

땅위의 지혜의 특징인 시기와 다툼이 있는 곳에는 혼란불안정과 모든 악한 일 공동체의 조화와 평화를 깨뜨리는 일이 있습니다16절. 반면 위로부터 나는 지혜에는 경건함과 일치, 안정된 평화가 있습니다. 물론 땅위의 지혜 중 어떤 것들은 그런대로 괜찮은 것일 수도 있습니다. 그렇지만 전체적으로 볼 때 우리는 하늘의 지혜를 자랑해야지 땅위의 지혜를 자랑해서는 안 됩니다. 결국 땅위의 지혜는 우리 안에 다툼과 혼란을 일으킬 것이기 때문입니다.

위로부터 내려오는 지혜의 특징들 1

"17오직 위로부터 난 지혜는 첫째 성결하고 다음에 화평하고 관용하고 양순하며 긍휼과 선한 열매가 가득하고 편견과 거짓이 없나니 18화평하게 하는 자들은 화평으로 심어 의의 열매를 거두느니라"

_ 야고보서 3장 17~18절

지식은 교만하게 하지만 지혜는 겸손하게 합니다. 지혜가 부족하면 온갖 종류의 무질서와 문제들, 혼돈, 다툼이 야기됩니다. 그러나 지혜가 충만하면 아름다운 열매들이 많이 맺힙니다. 하나님은 참 지혜의 근원이십니다잠2:6. 진정한 지혜는 하나님이 주시는 선물로서 위로부터 옵니다. 하나님은 그 지혜를 구하는 자에게 후히 주시고 꾸짖지 않으십니다약1:5. 그러므로 그리스도인들은 하늘의 지혜를 사모해야 하며, 그 지혜의 특징을 살펴서17절 지혜로운 사람이 되도록 힘써야 합니다. 하늘의 지혜의 특징들은 보석처럼 서로 긴밀하게 연결되어 있으며, 그리스도의 성품들 가운데서 나타납니다. 이 특징들은 바울이 언급한 성령의 열매들과도 밀접하게 관련됩니다갈5:22-23. 이는 마치 성령님이 오순절에 120명의 성도들에게 부어졌듯이, 진정한 지혜도 위로부터 내려오는 것과 비슷합니다. 그런 의미에서 성령의 충만함을 받은 그리스도인들은 하늘의 지혜를 가진 자요, 하늘의 지혜를 가진 자는 성령의 열매를 맺는 것입니다. 그러면 이제 위로부터 내려오는 지혜의 특징들을 살펴보도록 합시다.

하나, 하늘의 지혜는 성결하다 *ἁγνός*(하그노스).

'성결하다'라는 말은 '순수하다pure', '오염되지 않다', '진실하다'라는 의미입니다. 이것은 하늘의 지혜의 주요한 특징이요 다른 여섯 가지 특징들의 핵심입니다. 성도를 헬라어로 'οἱ ἅγιοι호이 하기오이'라고 하는데, 이는 성결과 어원이 같습니다. 따라서 성결이야말로 성도가 가져야 하는 하늘의 지혜의 핵심이라 할 수 있습니다. 하늘의 지혜는 그리스도께서 깨끗하시듯이 순수하고 순결하고 깨끗한 것이 특징입니다. 윤리적으로나 영적으로 흠 없이 순수합니다. 그런 점에서 순수와 거룩은 동일한 개념입니다. 빛이 어둠을 몰아내고 모든 것을 환히 비추듯이, 성결한 하늘의 지혜는 죄악된 세상에 들어와서 그 어떤 것에도 영향을 받지 않을 뿐 아니라 오히려 죄악된 세상을 환하게 비춥니다. 이러한 성결함의 내적 특징이 나머지 여섯 가지의 외적 특징에 흘러 들어갑니다.

모든 관계는 신뢰와 존경의 기반 위에서 세워지는 법인데, 만약 우리가 진실하고 정직하지 못하다면 누가 우리를 믿을 수 있으며, 또 누가 우리를 존경할 수 있을까요? 습관적인 거짓말이 들통 나지 않을 만큼 기억력이 좋은 사람은 없습니다. 언젠가는 탄로 나기 마련입니다. 그러나 우리가 정직하고 진실하다면, 모든 일에 자신감을 갖게 될 것이며 인간관계에서 평안한 걸음을 걷게 될 것입니다잠10:9. 하늘의 지혜를 가진 사람은 다른 사람을 속일 수 없습니다. 그는 진실합니다. 이 시대를 극복하는 비결도 그리스도인들이 정직하고 진실해지는 것입니다.

둘, 하늘의 지혜는 화평하다 εἰρηνική(에이레네케).

화평은 독한 시기와 다툼의 반대말로서 하나님과 사람, 사람과 사람 사이를 평화롭게 하는 것을 의미합니다. 즉 화평이란 올바른 관계를 뜻하며, 화목하게 된 삶을 일컫습니다. 특히 여기서의 화평은 가정과 교회 그리고 사회에 영향을 끼치는 화평을 의미합니다고후5:18-20. 그런 점에서 그리스도인들은 모든 곳에 화평을 전하는 대사가 되어야 합니다. 하늘의 지혜를 가진 사람은 화평을 유지하면서 일합니다. 다툼거리를 찾지 않습니다잠20:3. 사람들 사이에서 다툼이 일어나는 주된 원인은 무엇일까요? 그것은 바로 비교입니다. 가령, 자기 남편이나 아내를 옆집 남편이나 아내와 비교할 때 다툼이 일어납니다. 1972년의 디트로이트에서 남녀 간의 질투로 일어난 살인사건이 58건이었는데, 그 중에 남편의 질투로 유발된 살인사건이 47건이었다고 합니다. 남녀 간에 비교함으로써 서로를 화나게 하는 일이 없어야겠습니다. 그 외에 저주하는 것도 다툼의 원인이 됩니다. 따라서 "다 네 탓이다", "네가 책임져야 돼", "절대로 그러면 안 돼" 등의 말로 서로를 저주해서는 안 됩니다. 반박하는 것도 다툼의 원인이 됩니다. 상대방이 말하는 중간에 끼어들어 말하는 것 때문에 다투게 되기도 합니다. 반면에 지혜로운 사람은 사소한 일에 화를 내지 않습니다. 또한 상대할 가치가 없는 것들, 그래서 그냥 나눠야 할 것들도 잘 분별합니다.

셋, 하늘의 지혜는 관용하다 ἐπιειχής(에피에이케스).

관용이란 이기주의와 반대되는 태도로서, 친절하고 기꺼이 양보하며 남에게 너그럽게 대하는 '사려 깊은' 태도를 뜻합니다. 즉 다른 사람의 감정을 먼저 생각해준다는 의미입니다. 그래서 관용은 공의와 자비를 조화시키는 태도라 할 수 있으며, 또한 남에게 받고 싶은 대로 남을 대접하는 황금률마7:12의 기반이 되는 태도라 할 수 있습니다. 이는 하늘의 지혜를 가진 성도들이 지닌 가장 훌륭한 덕목 중 하나입니다. 관용의 지혜는 자기 권리를 주장하지 말아야 할 때가 언제인지를 잘 알게 합니다. 자신과 다른 사람들을 받아들이지는 않더라도 적어도 그들을 이해할 수 있게는 합니다. 우리는 종종 다른 사람이 느끼는 대로 느끼지 못할 경우 그 사람의 느낌을 쓸데없는 것 또는 불합리한 것으로 여기는 실수를 범하곤 합니다. 가령, 어른들이 보기에 어린 학생들과 청년들의 느낌이나 감정이 자신들과는 매우 다를 것입니다. 물론 그 반대도 마찬가지입니다. 여기서 관용의 지혜는 설령 서로가 서로를 받아들일 수는 없다 하더라도 적어도 서로를 이해할 수 있도록 해줍니다.

우리나라 사람들은 특히 다른 사람의 감정을 생각해주는 사려 깊은 행동을 작은 일로 여기는 경향이 있습니다. 1998년 7월에 한 조사기관에서 우리나라 국민들의 특징을 조사했는데, 82.7%나 되는 사람들이 자신을 기분파라고 대답했다고 합니다. 그도 그럴 것이 우리나라 남자들은 '좁쌀영감'이라고 불리는 것을 매우 싫어합니다. 반대로 '호탕하다', '통 크다'라고 말해주면 기분이 좋아집니다. 또한 군자는 모름지기 천하대세를 논해야 한다는 공자의 가르침을 따라 거대담론을 즐깁니다. 물론 이것이 나쁜 것은 아니지만 그만큼 작은 일도 관심 있게 지켜보는 것도 필요합니다. 다른 사람의 느낌이나 감정을 작게 여기지 않으며 과소평가하지 않는 것도 하늘의 지혜에 속하기 때문입니다.

넷, 하늘의 지혜는 양순하다εὐπειθής(유페이쎄스).

양순하다는 말은 합리적이며, 다른 사람의 말을 기꺼이 들을 줄 알며, 다른 사람의 생각이나 제안을 기꺼이 수용하는 한편 자신의 것을 기꺼이 양보할 준비가 되어 있는 태도를 의미합니다. 따라서 양순의 지혜를 가진 그리스도인들은 온전히 하나님의 명령에 순종하고, 하나님이 주시는 연단을 달게 받습니다. 사실 지혜로운 사람은 어느 누구에게나 배울 수 있습니다. 자기 방어적이지 않고 합리적인 이야기에 언제든지 열려있습니다. 그래서 누구나 가까이 하기 쉬운 인격이기도 합니다. 우리는 부모님과 잘 대화하나요? 아니면 자녀들과 잘 대화하나요? 그리고 대화할 때면 그들의 의견을 잘 받아들이고 우리의 의견을 양보할 준비가 되어 있나요? 하늘의 지혜를 가진 그리스도인은 이런 데서 양순의 태도를 보일 수 있어야 합니다.

성결과 화평, 관용, 양순의 태도는 모두 지혜로운 사람의 태도와 관련된 것입니다. 따라서 하늘의 지혜를 위해서는 가장 기본적인 특징인 성결을 하나님께 구해야 합니다. 그리고 화평과 관용, 양순도 구해야 합니다. 그리할 때 하나님은 우리의 기도를 들으시고 우리로 하여금 아름다운 열매들을 많이 맺게 하시어 세상에 그리스도의 향기가 넘쳐나도록 하실 것입니다. 뿐만 아니라 우리 사회가 직면한 어지간한 문제들이 해결되도록 하실 것입니다.

위로부터 내려오는 지혜의 특징들 2

"¹⁷오직 위로부터 난 지혜는 첫째 성결하고 다음에 화평하고 관용하고 양순하며 긍휼과 선한 열매가 가득하고 편견과 거짓이 없나니 ¹⁸화평하게 하는 자들은 화평으로 심어 의의 열매를 거두느니라"

_야고보서 3장 17~18절

어떤 목사님이 티벳에 있는 한 절에 가서 고승에게 전도를 했다고 합니다. 그 스님에게 성경책을 주었더니 몇 달을 읽고 나서 말하기를, "이렇게 귀한 진리를 왜 이제야 가지고 오셨습니까? 이 절의 역사가 수백 년이 되었는데, 아무도 이 진리를 전하러 오지 않았습니다."라고 했답니다. 이에 목사님이 난처했지만 지혜롭게 "주께는 하루가 천년 같고 천년이 하루 같으십니다."라고 대답했답니다. 그러면 앞의 글에 이어서 계속해 위로부터 내려오는 지혜의 특징들을 살펴보도록 하겠습니다.

다섯, 하늘의 지혜는 긍휼하다ἐλέους(엘레우스).

긍휼은 고통 가운데 있는 죄인들을 향한 하나님의 '자비'와 '동정심'을 의미합니다. 그래서 긍휼은 불쌍히 여기는 마음입니다. 우리는 다른 사람이 잘못했을 때 책망할 수 있습니다. 그러나 책망하더라도 그들을 깎아내리거나 조롱해서는 안 됩니다. 그런 것은 지혜롭지 못한 행동입니다. 또는 그 잘못을 약점으로 잡아 그들을 얽어매려고 하는 것도 지혜롭지 못한 것입니다. 하늘의 지혜를 소유한 그리스도인은, 하나님이 우리를 불쌍히 여기셨듯이, 다른 사람의 실수를 일부러 들춰내기보다 용서해줍니다잠17:9 "허물을 덮어주는 자는 사랑을 구하는 자요 그것을 거듭 말하는 자는 친한 벗을 이간하는 자니라". 뿐만 아니라 도움을 필요로 하는 자들을 항상 도울 준비가 되어 있습니다. 누군가가 넘어졌을 때도 그들을 격려하며 일으켜 세워줍니다.

어떤 두 사람이 아내들과 함께 세미나에 참석했습니다. 그들은 오랫동안 헤어져 있었던 친구들이었습니다. 아내들은 방으로 들어가고 두 사람은 호텔 로비에 앉아서 밤늦게까지 이야기를 했습니다. 그들은 아내들에게 구박받을 것을 예상하고 각자의 방으로 들어갔습니다. 다음날 아침 그들은 다시 만났는데, 그중 한 사람이 "어젯밤 네 아내는 괜찮았어?"라고 물으니, 다른 사람이 "방문을 열고 들어서는 순간 아내는 Historical해졌어."라고 대답했습니다. 이에 "Hysterical이겠지?"라고 물으니, "아냐 Historical이야. 내 아내가 그동안 내가 잘못한 것을 죄다 이야기했거든."이라고 대답했습니다.

여섯, 하늘의 지혜는 선한 열매καρπῶν ἀγαθῶν(카르폰 아가쏜)를 맺는다.

선한 열매는 긍휼과 밀접한 관계가 있는 것으로, 긍휼의 결과로 선한 열매가 많이 맺히게 됩니다. 긍휼은 말만 하는 것이 아니라 열매로 나타나야 합니다. 불쌍하다는 생각에만 그치는 것이 아니라 실제적인 도움을 주는 것이 참된 선행입니다. 그러므로 하늘의 지혜를 가진 그리스도인은 긍휼의 마음을 가지고 선한 열매를 많이 맺어야 합니다. 앞서 13절에서 야고보는 "너희 중에 지혜와 총명이 있는 자가 누구냐"라고 물으면서 스스로 답하기를 '선행'으로 알 수 있다고 했습니다. 선행은 고상하고, 가치 있고, 칭찬받을 만한 행동으로서, 예수님의 지혜로운 모습을 반영합니다.

일곱, 하늘의 지혜는 편견과 거짓이 없다.

　'편견이 없다$_{ἀδιάκριτος(아디아크리토스)}$'라는 것은 어떤 사람에게든 차별을 보이지 않고 공평하게 대한다는 것입니다. 즉 좌로나 우로나 치우침이 없다는 것입니다. 또한 '거짓이 없다$_{ἀνυπόκριτος(아뉘포크리토스)}$'라는 것은 '위선이 없다'라는 의미로서 올곧고 바른 것을 뜻합니다. 따라서 하늘의 지혜를 가진 그리스도인은 자신의 목적을 달성하기 위해 거짓을 사용해서는 안 됩니다. 어떤 허세나 가식이 없이 신실해야 합니다. 자신의 연약함을 감추거나 가장하지도 말아야 합니다. 우리 자신의 모습이 아닌 다른 사람인 척하는 것은 결코 지혜로운 행동이 아닙니다. 스스로 완전한 척하거나 모든 것을 할 수 있는 척하는 것은 오히려 바보스런 행동입니다. 아무도 그렇게 할 수 없기 때문입니다. 자신의 약점에 대해서는 이미 모든 사람이 알고 있습니다. 그것을 모르는 유일한 사람은 우리 자신뿐입니다.

　하늘의 지혜를 가진 그리스도인은 다른 사람에 대해서 시시각각 흔들리면서 위선적으로 대하지 않아야 합니다. LA에 사시는 어떤 권사님이 목사님과 심방 차 딸의 부부가 하는 가게에 들렀다가 땀 흘리며 일하는 딸을 보고는 속이 상해 사위에게 "왜 내 딸을 그렇게 고생시키는가?"라며 따졌다고 합니다. 그런데 그 다음날, 아들이 하는 가게에 갔다가 임신 중인 며느리가 일하면서 힘들어 하는 것을 보고는 "요즘 세상에 가게 나와서 돕지 않으면 어떻게 살겠느냐?"라며 핀잔을 주었다고 합니다. 또 어떤 분은 자기 교회 목사님을 끊임없이 괴롭히고 있으면서도 목회하고 있는 자신의 아들을 위해 기도할 때는 "아들 목사를 괴롭히는 교인이 없게 해 주세요."라고 한답니다.

다시 화평의 덕목을 말하다.

세상의 지혜를 자랑하면서 시기와 다툼이 심했던 당시의 교회 공동체를 향하여 야고보는 다시 화평의 덕목을 강조합니다18절. 이는 고린도전서 13장을 생각나게 합니다. 즉 온갖 중요한 좋은 은사들이라 할지라도 사랑이 없으면 아무 것도 아니라는 말씀 말입니다. 마찬가지로 화평이 없으면 위로부터 내려오는 지혜들이 모두 소용이 없고, 제대로 힘도 발휘할 수 없을 것입니다.

화평케 하는 자는 화평을 실천하기 위해 자신의 모든 힘과 역량을 집중시킵니다. 때문에 화평케 하는 자는 의의 열매를 거둡니다18절. 반면 독한 시기와 다툼의 풍토에서는 화평이 없고, 따라서 의의 열매도 생산될 수 없습니다. 여기서 의의 열매는 17절에 언급된 위로부터 내려오는 지혜에 속한 모든 특징들, 곧 하나님 나라의 특징들을 포함합니다. 예수님은 "먼저 그의 나라와 그의 의를 구하라"고 하셨습니다마6:33 이는 화평이 더해져야 하나님 나라의 특징들이 제대로 된 모습을 나타낸다는 말씀입니다. 따라서 지금 야고보는 화평케 하는 자가 하나님의 아들이라 일컬음을 받는다는 예수님의 교훈을 따르고 있는 것입니다마5:9.

지식은 교육을 통해서 얻어지지만, 지혜는 하나님으로부터만 얻어집니다. 지식을 얻기 위해서는 주위를 잘 살펴보아야 하지만, 지혜는 위에 계신 하나님을 바라보아야 합니다. 그러므로 지혜를 얻기 위해 위를 바라보시기 바랍니다. 우리 하나님은 주시기를 기뻐하시는 분입니다약1:5, 하나님께로부터 오는 지혜를 얻을 때 우리에게서 선한 열매, 의의 열매가 많이 맺힙니다. 그런데 하나님의 지혜를 얻기 원한다면 무엇보다 예수님을 우리의 삶에 모셔 들여야 합니다. 예수님을 모시고 예수님의 생각과 마음으로 말하고 사랑해야 합니다. 예수님이야말로 최고의 지혜자이시기 때문입니다.

〈묵상과 나눔을 위한 질문들〉

1. 나 자신이 주변 사람들에게 어떤 말들을 하고 있는지 한번 생각해봅시다. 그 말들이 세상을 변화시키는 일에 도움이 되는 것일까요? 그렇지 않다면 나의 말들을 어떻게 변화시켜야 할까요?

2. 나는 다양한 정보와 지식들을 많이 가지고 있나요? 그렇다면 그것들은 하늘에서 온 것들인가요? 내가 가져야 할 하늘에서 온 것들은 어떤 것들일까요?

3. 혹시 내가 가진 세속적인 지혜 때문에 공동체에 시기와 다툼이 생긴 일은 없었나요? 있었다면 내가 가진 그 지혜를 어떻게 사용해야 할까요?

4. 하늘에서 내려오는 지혜는 어떤 것이며, 그것으로 어떤 열매들을 맺을 수 있을까요?

야고보서 4장

다툼에서 은혜로

"¹너희 중에 싸움이 어디로부터 다툼이 어디로부터 나느냐 너희 지체 중에서 싸우는 정욕으로부터 나는 것이 아니냐 ²너희는 욕심을 내어도 얻지 못하여 살인하며 시기하여도 능히 취하지 못하므로 다투고 싸우는도다 너희가 얻지 못함은 구하지 아니하기 때문이요 ³구하여도 받지 못함은 정욕으로 쓰려고 잘못 구하기 때문이라 ⁴간음한 여인들아 세상과 벗된 것이 하나님과 원수 됨을 알지 못하느냐 그런즉 누구든지 세상과 벗이 되고자 하는 자는 스스로 하나님과 원수 되는 것이니라 ⁵너희는 하나님이 우리 속에 거하게 하신 성령이 시기하기까지 사모한다 하신 말씀을 헛된 줄로 생각하느냐 ⁶그러나 더욱 큰 은혜를 주시나니 그러므로 일렀으되 하나님이 교만한 자를 물리치시고 겸손한 자에게 은혜를 주신다 하였느니라"

_야고보서 4장 1~6절

우리를 가장 화나게 하는 사람은 누구입니까? 야고보는 본문 1절에서 다툼과 갈등의 원인을 곧바로 지적합니다. 사람들 사이의 갈등의 원인에 대해 현대 심리학자들이 가까스로 얻어낸 것을 야고보는 오래전에 깊은 통찰력으로 꿰뚫어 보았던 것입니다. 우리가 다투고 갈등하는 이유는 우리의 정욕이 서로 부딪히기 때문입니다. 여기서 '정욕ἡδονῶν(헤도논)'이란 '감각적인 기쁨을 추구하려는 욕망' 혹은 '죄 많고 방종한 즐거움을 추구하려는 욕망'을 뜻하는 부정적인 의미의 말입니다. 이런 쾌락적인 내적 욕망을 만족시키려면 필연적으로 바깥 세계의 사람들과 다투지 않을 수 없습니다. 갓난아기가 자신이 원하는 것이 채워지지 않을 때 무작정 우는 것을 보지 않습니까!

본문은 인간에게 갈등을 일으키는 세 가지 기본적인 욕망들이 있다고 가르칩니다. 물론 이 욕망들은 통제가 잘 되면 합법적인 것들입니다. 그러나 통제가 잘 안 되면, 즉 우리가 그 욕망들을 다른 사람보다 위에 두고 우리 인생에서 제일 중요한 것들로 만든다면, 그것들이 우리와 다른 사람 사이에서 갈등을 일으키게 됩니다. 그러면 그 욕망들은 무엇일까요?

첫째는 소유의 욕망입니다.

우리는 무엇이든지 소유하기를 원합니다. 하나님은 사람들이 잘 사용하고 기뻐하는 것이 되도록 물질을 만드셨습니다. 그것이 물질이 존재하는 이유입니다. 따라서 우리는 물질을 이용하여 다른 사람을 사랑할 수 있어야 합니다. 하지만 문제는 우리가 물질을 이용하는 것이 아니라 물질을 사랑하기 시작하면서 발생합니다. 물질을 사랑하기 시작하면 마음의 균형이 깨어지면서 물질을 소유하기 위해 사람을 이용하게 됩니다. 2절에서 '욕심을 내다$ἐπιθυμέω$(에피쒸메오)'라는 것은 이기적인 탐욕으로 몹시 갈망하는 상태를 뜻합니다. 이 동사는 헬라어 성경 출애굽기 20장 17절에서, 즉 열 번째 계명인 "탐내지 말라"에서 사용됩니다.

오늘날 이혼 가정의 56%가 돈 때문에 이혼한다는 갤럽의 통계는 결코 우연이 아닙니다. 어떤 사람이 하워드 휴즈Howard Huges; 1905-1976년, 투자가, 영화감독, 비행사, 자선가, 억만장자에게 "얼마나 많이 소유하면 사람이 행복할 수 있습니까?"라고 물었을 때, 그는 "조금만 더"라고 대답하였다고 합니다. 정말 소름끼치게 하는 대답이 아닐 수 없습니다. 그만큼 인간의 욕망은 끝이 없다는 것입니다. 만약 우리가 삶의 행복을 다른 사람과 비교하는 데서 찾는다면, 우리는 아무리 많이 소유한다 할지라도 결코 행복을 맛보지 못할 것입니다.

둘째는 감각의 욕망입니다.

우리는 편안하기를 원합니다. 우리의 느낌이 만족스럽기를 원합니다. 물론 삶을 즐기는 것은 잘못이 아닙니다. 그러나 쾌락이 제1의 우선순위가 된다면, 즉 자신의 느낌이 좋은 대로 행동하고자 한다면, 우리는 필연적으로 다른 사람과 갈등을 일으키게 됩니다. 쾌락이 필요보다 우위를 차지하게 되는 곳에서는 언제나 문제가 생기기 때문입니다. 정욕의 사람은 세상적인 기쁨을 선택하고, 하나님의 뜻과 반대되는 삶을 삽니다. 자신의 마음이 원하는 대로 살아가면서 자신을 하나님과 분리합니다. 그런 사람들은 기도를 하더라도 정욕으로 쓰려고 잘못 기도합니다. 그들은 하나님의 말씀에 굴복하기는커녕 오히려 하나님께 대항하는 삶을 삽니다. 따라서 교회에 정욕에 사로잡힌 지체들이 있을 때, 교회에는 화평이 사라지고 싸움과 다툼이 일어나게 됩니다. 하나님이 더 이상 그들을 주관하지 않으시므로, 그 틈에 감각적인 욕망이나 쾌락을 추구하는 정욕이 그들을 사로잡기 때문입니다.

셋째는 존재의 욕망입니다.

존재의 욕망이란 교만, 능력, 높은 지위, 인기를 뜻합니다. 4절에는 "간음한 여인들아"와 "세상과 벗된 것"이란 말이 나오는데, 이들은 모두 유대 그리스도인들의 영적 불성실을 비유적이고 영적으로 표현한 것입니다. 남편이신 하나님을 두고 바람을 피우는 간음한 여인들이나 세상을 사랑하여 세상과 벗이 된 자들을 하나님은 용납하지 않으십니다. 그래서 이들을 두고 하나님과 원수 된 것이라고 말하는 것입니다. 결국 영적 불성실은 '나 제일주의'라는 욕망 때문에 생깁니다. 즉 나의 존재를 드러내고 내가 가진 것을 자랑하고 싶은 욕망 때문에 하나님과 멀어지게 되는 것입니다. 혹시 '연못가의 한 개구리'라는 이야기를 알고 있나요? 어느 날 연못가에 있던 개구리 한 마리가 하늘을 나는 새를 부러워하다가 기발한 생각을 하고는 새에게 부탁했습니다. 그것은 나뭇가지를 하나 구해다가 한쪽 끝은 새가 물고 다른 한쪽 끝은 자기가 물어 하늘을 날 수 있게 해 달라는 것이었습니다. 그래서 나뭇가지 양쪽 끝을 새와 개구리가 물고 하늘을 날았습니다. 다른 개구리들이 부러워하며 쳐다보면서 "야 저런 기발한 생각을 누가 했을까?"라고 말하자 하늘을 날던 개구리는 자랑하고 싶어 견딜 수가 없어서 그만 "누가 하기는 내가……"라고 말하다가 땅에 떨어져 죽었습니다.

잘난 체 하는 곳에서는 싸움만 일어납니다. 그리고 교만한 사람은 기도하지 않습니다. 하나님은 우리 모두의 필요를 채워주시는 분인데도, 우리는 기도하기보다 싸우기를 좋아합니다2절. 제일 마지막에 하는 것이 기도입니다. 기도하지 않는 것은 교만입니다. 따라서 우리가 하나님을 더욱 의지하기로 결정하고 또 하나님을 정말로 필요로 한다면 무엇보다 기도해야 합니다. 교만은 사람들만이 아니라 하나님과도 다툼을 일으킵니다6절.

우리의 욕망들을 통제할 수 있는 치료책은 무엇일까요? 그것은 하나님께 기도하고 하나님의 은혜를 받는 것입니다. 은혜란 사람을 변화시키는 하나님의 능력입니다. 우리가 어떤 변화를 원하든지 그 변화를 경험하려면 먼저 은혜가 필요합니다. 그런데 은혜를 얻는 길은 딱 한 가지입니다. 그것은 바로 자신을 낮추는 것입니다6절. 하나님은 자신을 낮추고 도움을 구하는 자에게 은혜를 베푸십니다. 이제 다툼에서 은혜로 나아가도록 합시다.

은혜를 받는 방법

> "⁷그런즉 너희는 하나님께 복종할지어다 마귀를 대적하라 그리하면 너희를 피하
> 리라 ⁸하나님을 가까이하라 그리하면 너희를 가까이하시리라 죄인들아 손을 깨끗
> 이 하라 두 마음을 품은 자들아 마음을 성결하게 하라 ⁹슬퍼하며 애통하며 울지어
> 다 너희 웃음을 애통으로, 너희 즐거움을 근심으로 바꿀지어다 ¹⁰주 앞에서 낮추라
> 그리하면 주께서 너희를 높이시리라"
>
> _야고보서 4장 7~10절

야고보서 4장의 처음 세 구절에서 '만족하지 못하다'라는 말이 네 번이나 나
옵니다. 즉 "너희가 욕심을 내어도 얻지 못하고"2절, "살인하며 시기하여도 능히
취하지 못하고"2절, "너희가 얻지 못함은"2절, "구하여도 받지 못함은"3절 등입니
다. 그런데 만족하지 못하는 것은 오늘날 대부분의 사람들도 마찬가지라고 생
각합니다. 그래서 많은 부분에서 서로 갈등하고 다투는 것이고요. 그러나 하나
님의 은혜를 받은 사람들은 변화되어 만족을 얻을 수 있습니다. 이에 관해서는
앞의 "다툼에서 은혜로"에서 다루었습니다. 여기서는 이제 하나님의 은혜를 받
는 방법에 관해 살펴보도록 하겠습니다.

은혜를 받으려면 하나님께 복종해야 한다.

야고보는 7절에서 하나님의 은혜를 받기 위해서는 하나님께 복종해야 한다고 말합니다. 하나님은 겸손한 자에게 은혜를 주신다고 하셨으니, 하나님의 뜻에 우리의 뜻을 복종시키는 것은 당연한 일입니다. 즉 우리의 삶에서 하나님이 하나님 되시게 하는 것입니다. 하나님이 우리의 삶을 통제하시도록, 그래서 하나님이 우리의 삶을 책임지시도록 하는 것입니다. 이것이 뒤이어 나오는 8-10절의 출발점입니다. 특히 이것은 10절의 '겸손'과 한 쌍을 이룹니다. 우리 스스로 삶을 가꾸고자 하는 모든 시도를 포기하는 것입니다. 사실 진짜 갈등은 우리 안에 있습니다. 누가 우리의 삶을 책임지고 있느냐에 달려있습니다. 우리의 삶을 우리 자신만이 책임질 경우, 우리가 원하는 길을 가지 않고 있으면 굉장히 초조해집니다. 불안하고 속이 뒤집힙니다. 그러나 하나님이 우리의 삶을 책임지실 경우, 설령 우리가 원하는 길이 아니더라도 평안할 수 있습니다. 그러므로 하나님께 항복하는 것이 최선입니다. 오늘날 유행하는 '나 제일주의'를 버리고, '주의 뜻대로 이루어지이다'라고 맡기는 법을 배워야 합니다. 그리할 때 우리 안에 평강이 밀려오기 시작할 것입니다.

마귀는 하나님과 우리의 신뢰관계를 깨뜨리기 위해 갖은 수로 유혹합니다. 그의 주요 임무중 하나가 우리를 하나님과 분리시키는 것이기 때문입니다. 그래서 우리는 마귀를 대적해야 합니다. 다툼과 갈등이 일어나는 곳의 배후에는 반드시 마귀가 있습니다. 간혹 마귀는 우리의 자존심을 걸고넘어지곤 합니다. 또한 우리가 듣기 좋아하는 것을 아주 달콤하게 속삭이곤 합니다. 그럴 때마다 우리는 "마귀야, 네가 그렇게 말할 줄 알고 있었다."라고 말하면서 예수님의 방법마4:1-12대로 마귀를 대적하시기 바랍니다. 마귀를 대적하여 겸손과 복종으로 하나님께 나아가라는 야고보의 권면은 베드로전서 5장 5-9절과도 병행을 이룹니다.

은혜를 받으려면 하나님을 가까이 해야 한다.

우리는 긍휼과 은혜를 얻기 위해 성결한 몸과 마음으로 하나님께 가까이 나아가야 합니다8절; 참고. 히4:16. 우리가 하나님의 은혜를 사모하는 일편단심의 마음과 몸으로 하나님께 가까이 나아갈 때, 하나님도 우리를 가까이 하십니다잠8:17. 우리가 하나님을 가까이 하기 위해서는, 외적으로 정결하게 손을 씻는 한편 내적으로 일편단심의 성결한 마음을 지녀야 합니다. 구약시대에는 하나님앞에 예배드리기 전에 물두멍에 손을 씻었습니다. 손은 우리의 행동 전체를 표시하는 상징적인 언어입니다. 8절에서 "두 마음을 품은 자δίψυχοι(딥쉬코이)"는 '두 혼을 가진 자'라는 뜻입니다. 어떻게 보면 하나님을 믿는 것 같지만 다르게 보면 세상을 믿는 것 같은 것, 또 어떻게 보면 하나님 뜻에 순종하는 것 같지만 다르게 보면 자기만족과 기쁨을 위해서 사는 것 같은 것, 그렇게 엉거주춤한 자세로 살아가는 것이 두 마음을 품은 자입니다.

다툼과 갈등이 있을 때 하나님을 가까이 하는 것은 일차적으로 성경을 읽고, 예배에 참석하고, 찬송하며, 기도하는 것입니다. 즉 하나님과 더 많은 시간을 보내는 것입니다. 그리고 그럴수록 우리는 다른 사람과 더 잘 지내게 됩니다. 왜냐하면 우리가 하나님과 많은 시간을 가지면 우리의 생각이 하나님께로 향하게 되고, 그러면 하나님이 우리의 마음을 평강하게 하셔서 우리로 하여금 불안하지 않고 다른 사람들과 잘 지낼 수 있게 하시기 때문입니다. 그런데 오늘날 우리 자녀들은 학교와 학원에서 가장 많은 시간을 보냅니다. 그래서 자녀들이 하나님으로부터 더 멀어지는 것은 아닐까 싶습니다. 할 수만 있다면 교회의 학교를 세우는 것이 바람직하다고 생각하는 이유입니다. 그리고 그리스도인 부모들은 아무리 바빠도 자녀들과 함께 하나님과 교제하는 시간을 가져야 합니다. 물론 이를 위해서는 포기해야 할 것들도 있을 것입니다. 그렇지만 하나님과 교제하는 시간을 먼저, 그리고 많이 가질수록 나머지 시간을 더욱 유용하게 보낼 수 있습니다.

은혜를 받으려면 회개해야 한다.

우리는 우리의 죄 때문에 깊이 슬퍼하며 애통하며 울어야 합니다9절. 자신의 죄 때문에 애통하는 자는 복이 있습니다마5:4. 그리고 하나님과 가까워집니다. 야고보는 종말론적 심판을 기억하면서 선지자들처럼 '애통의 언어'를 사용합니다. 그는 우리를 향해 "죄인들아$\dot{\alpha}\mu\alpha\rho\tau\omega\lambda o\acute{\iota}$(하말톨로이)"라고 부르는데8절, 이는 '구원 받은 죄인들아'라는 의미로 우리의 현재적 자범죄를 회개하고 용서받으라는 뜻입니다. 즉 비록 우리가 예수님의 십자가 보혈로 이미 죄 씻음을 받고 하나님의 자녀가 되었지만, 여전히 죄악된 세상에서 저지르는 모든 악한 행동과 죄를 철저히 회개하고 죄 씻음을 받으라고 권면하는 것입니다.

우리는 또한 다른 사람과의 관계에서 자기중심적인 것을 회개해야 합니다. 누군가가 우리 때문에 상처를 받았다고 생각하면 그에게 바로 용서를 구해야 합니다. 요즘 인기 있는 프로선수나 연예인들에게 '학폭'을 당했다고 진정하는 사람들이 많습니다. 우리와 다른 사람 사이에는 차이가 많습니다. 우리는 또한 항상 사려 깊은 것도 아니고, 다른 사람의 필요보다 우리 자신에 대해 항상 더 많이 생각합니다. 그런데 이러한 인식이 우리를 겸손하게 만들며, 우리로 하여금 다른 사람에게 용서를 구하도록 합니다. 하나님 또한 그러한 사람에게 은혜가 넘치도록 하실 것입니다. 하나님은 우리의 연약함과 잘못을 인정하면 할수록 우리를 더욱 높이십니다.

은혜를 받으려면 주님 앞에 겸손해야 한다.

야고보는 6절로 돌아가 겸손한 자에게 베푸시는 하나님의 복을 다시 확인합니다10절. 하나님께 겸손한 자는 다른 사람에게도 겸손합니다빌2:3. 우리가 하나님을 향한 일편단심의 마음으로 겸손히 하나님 앞에 설 때 하나님은 우리를 높이실 것입니다. 하나님 앞에 겸손한 그리스도인들은 하나님 없이는 이 죄 많은 세상에서 바르게 살 수 없음을 고백하고, 삶의 모든 영역에서 하나님의 주권을 인정하며, 그분의 뜻에 순종하는 자들입니다. 예수님은 자기를 높이는 자는 낮아지고 자기를 낮추는 자는 높아질 것이라고 말씀하셨습니다마23;12. 하나님 앞에서 자기를 낮춘다는 뜻은, 오직 인간의 존재, 가치, 행복 그리고 구원이 전적으로 하나님께 달렸다는 것을 인정하는 것입니다.

만족하지 못하는 이 시대를 살아가기 위해서는 은혜가 없으면 안 됩니다. 은혜가 없으면 만족하지 못하고, 만족하지 못하면 감사하지 못하고 기뻐하지 못합니다. 다만 시기와 질투와 미움으로 다툼과 분쟁이 끊이질 않을 것입니다. 서로를 향해 불평과 원망만이 가득할 것입니다. 그러므로 이 시대는 무엇보다 은혜가 필요합니다. 우리는 우리를 변화시키는 하나님의 능력인 은혜를 사모하는 한편 은혜를 받기 위한 방법들을 실천해야 합니다.

율법의 준행자

"[11]형제들아 서로 비방하지 말라 형제를 비방하는 자나 형제를 판단하는 자는 곧 율법을 비방하고 율법을 판단하는 것이라 네가 만일 율법을 판단하면 율법의 준행 자가 아니요 재판관이로다 [12]입법자와 재판관은 오직 한 분이시니 능히 구원하기 도 하시며 멸하기도 하시느니라 너는 누구이기에 이웃을 판단하느냐"

_야고보서 4장 11~12절

앞서 야고보는 하나님과의 수직적인 관계를 어떻게 정립할 것인가에 관해 가르쳤습니다. 한마디로 그것은 하나님의 은혜를 받는 것이며, 구체적으로는 '하나님께 복종하라', '하나님을 가까이 하라', '슬퍼하며 애통하며 울라', '주 앞에서 낮추라'는 것이었습니다. 그런데 여기서는 갑자기 화제를 바꾸어 그리스도인들 간의 수평적인 관계를 어떻게 해야 할지에 관해 가르칩니다. 즉 서로 비방하거나 판단하지 말라는 것입니다. 본문은 3장 1-12절의 결론이라 볼 수 있는데, 야고보로서는 혀를 절제하지 못하므로 교회 공동체 안에서 발생하는 엄청난 분열과 갈등, 다툼의 문제를 매듭짓고자 하는 의도가 역력합니다.

서로 비방하지 말라

야고보는 "형제들아"라고 말하면서 "서로 비방하지 말라"고 권면합니다11절. 이는 앞의 구절과 밀접하게 연결되는 말로서, 겸손한 자는 남을 비방하지 않으며 비방을 일삼는 자는 겸손하지 못한 자라는 뜻을 포함합니다시101:5. 여기서 '비방하다καταλαλεῖτε(카타랄레이테)'라는 단어는 '거칠게 말하다', '악하게 말하다', '폄하하여 말하다'라는 뜻인데, 야고보는 이를 현재시제 동사를 사용함으로써 공동체 안에서 습관적으로 서로 헐뜯고 욕하고 비난하는 것이 현재진행 중임을 나타내면서 이를 꾸짖고 있는 것입니다. 그들의 비방 행위는 앞 단락에서 나타난 그들의 죄악된 모습과 관련이 있습니다. 곧 '정욕'1,3절 '시기'2절 '욕심'2절 '다툼'1,2절 '교만'6절 등으로 서로를 비방하는 것입니다.

7절의 "마귀"라는 단어와 11절의 "비방"이라는 단어는 서로 연관이 있습니다. 마귀라는 헬라어 단어 'διάβολος디아볼로스'는 '비방자' 혹은 '중상자'라는 뜻입니다. 욥기를 보면 비방자인 마귀가 하나님 앞에서 욥을 모략하고 참소했습니다욥1:6-12. 이에 야고보는 그리스도인들에게, 만약 그들이 서로 비방하기를 그치지 않는다면, 이는 마귀가 하는 짓을 따라하는 결과가 된다고 강력하게 권면합니다. 만약 교회에서 그리스도인들이 계속 서로를 중상모략하고 비난하면 교회 공동체의 교제는 깨어지고 말 것입니다. 그 결과 마귀는 손뼉 치며 좋아할 것이지만, 성령님은 근심하게 될 것입니다.

11절에서 "형제"라는 말이 세 번이나 사용되는 것은 우리 모두가 형제요 자매라는 사실을 기억하라는 뜻입니다. 다른 사람을 비방하게 되는 것은 대부분 우리의 마음에서 은혜와 형제 사랑이 끊어질 때입니다. 즉 우리가 하나님으로부터 멀어질 때 다른 사람을 쉽게 비방하게 됩니다.

서로 판단하지 말라

야고보는 판단을 금해야 하는 이유로 넓은 의미에서의 그리스도의 법인 율법을 제시합니다. 그리스도인들끼리 서로 판단하는 것은 율법을 판단하는 것이 되고, 이는 곧 하나님의 말씀을 판단하는 것이 됩니다레19:16. 만일 그리스도인들이 계속 서로를 판단한다면, 최고의 법인 "이웃 사랑하기를 네 몸과 같이 하라"2:8는 하나님의 말씀을 순종하지 않게 되는 것입니다. 그리고 그 결과 그리스도의 법인 율법을 판단하는 것이 됩니다. 하나님의 말씀에 순종하는 것과 그리스도인의 믿음의 관계는 서로 불가분리의 관계에 있습니다. 만일 그리스도인들이 하나님의 말씀에 순종하기보다 서로 판단χρίνει(크리네이)하기를 좋아한다면, 이는 스스로가 율법의 심판자이자 입법자가 되려고 하는 것과 같습니다. 그리스도인들이 해야 할 중요한 책무는 그리스도의 법인 하나님의 말씀을 준행하는 것이지, 그 율법을 판단하는 것이 아닙니다.

유일한 입법자이시며 재판관이신 하나님

오직 하나님만이 입법자이시고 재판관이십니다. 하나님은 율법의 근원source이시며 입법자이십니다. 그러므로 사람을 판단할 최종 권위는 율법을 만드시고 유지하시는 하나님에게만 있습니다. 하나님만이 사람을 구원하기도 하시고, 파멸하기도 하시며, 무죄를 내리실 수도 있고, 유죄를 내리실 수도 있습니다신32:39. 입법자이신 하나님만이 율법을 사람들에게 적용하시고 판결하실 수 있습니다. 하나님만이 사건의 내용은 물론이고 그 마음의 숨은 동기까지 온전히 아실 수 있기 때문입니다. 우리가 보기에 참 매력적인 사람일지라도 하나님이 보시기에는 그렇지 않을 수 있습니다. 반대로 우리가 보기에는 쓸모없고 하찮게 보이는 사람인데, 하나님이 보시기에는 오히려 귀할 수 있습니다. 그래서 예수님도 "몸을 능히 죽일 수 있는 사람을 두려워 말고 몸과 영혼을 능히 지옥에 멸

할 수 있는 하나님을 두려워하라"마10:28고 가르치신 것입니다. 다른 사람을 신중히 대하는 것과 하나님을 경외하는 것이 중요합니다.

인간이 해야 할 일은 오직 겸손히 율법을 준행함으로써 하나님의 임재 속으로 들어가는 것입니다. 그것이 은혜의 자리이고 복의 자리입니다. 이웃을 비방하고 형제를 판단하는 것은 하나님의 권위와 권세를 빼앗는 교만한 짓입니다. 그러므로 교회 공동체 안에서 서로를 비방하고 판단하며 중상모략 하는 죄를 짓지 말아야 합니다. 내 입에서 비방이 쏟아져 나오려고 할 때는 일단 먼저 침묵하시기 바랍니다. 격정이 지나가고 기도한 다음에 말하는 것이 좋습니다. 하나님이 우리에게 주시는 말씀을 아침마다 새롭게 깨달음으로써 더 큰 은혜와 감격으로 나아가는 한편, 우리의 혀로 하나님을 찬양하고 영광을 돌리며 가난하고 약한 자들을 도울 수 있게 해달라고 기도합시다.

결론적으로 야고보는 당시 교회 공동체에 속한 그리스도인들 개개인을 향해 수사학적 기법으로 힘주어 강조합니다. "너는 이웃을 판단하는 대신 율법의 준행자로서 이웃을 사랑해야 한다."라고 말입니다. 예수님을 믿는 교회 공동체에 사랑이 없으면 아무 가치가 없습니다. 그러므로 지금 우리는 어떻게 이웃을 사랑해야 할까를 고민하며 실천해야 합니다.

하나님 없는 계획을 세우지 맙시다

"¹³들으라 너희 중에 말하기를 오늘이나 내일이나 우리가 어떤 도시에 가서 거기서 일 년을 머물며 장사하여 이익을 보리라 하는 자들아 ¹⁴내일 일을 너희가 알지 못하는도다 너희 생명이 무엇이냐 너희는 잠깐 보이다가 없어지는 안개니라 ¹⁵너희가 도리어 말하기를 주의 뜻이면 우리가 살기도 하고 이것이나 저것을 하리라 할 것이거늘 ¹⁶이제도 너희가 허탄한 자랑을 하니 그러한 자랑은 다 악한 것이라 ¹⁷그러므로 사람이 선을 행할 줄 알고도 행하지 아니하면 죄니라"

_야고보서 4장 13~17절

두 사람이 대화를 하는데, 그중 한 사람은 예루살렘대학에서 경영학석사 M.B.A.를 마친 사람이었고, 다른 한 사람은 텔아비브 2021회사의 최고경영자였습니다. 그들은 대화하면서 서로의 계획을 주고받았습니다. 13절은 그들의 대화의 일부를 정확하게 보여줍니다. 그들의 경영 계획은 매우 세밀했습니다. 언제? 오늘이나 내일, 어디서? 이 도시나 저 도시에서, 얼마나 오래? 일 년 정도, 무엇을? 장사를, 왜? 이익을 보려고. 물론 성경은 합법적인 이윤을 남기는 것을 정죄하지 않습니다. 또한 성경은 계획을 세우는 것에 대해서도 많이 강조합니다. 따라서 두 사람이 장사하고 이윤을 남기려는 계획에는 아무 문제가 없습니다. 그러면 대체 무엇이 잘못된 것일까요?

하나님을 인정하지 않는 외람된 태도

  그것은 그들의 경영 계획에는 하나님에 대한 언급이 전혀 없었다는 것입니다. 그들은 무엇을 원하고 그것을 어떻게 얻어야 하는지에 대해서는 잘 알았지만, "하나님은 이에 관해 어떻게 생각하실까?"는 전혀 고려하지 않았습니다. 즉 야고보는 계획을 세우는 것 자체를 지적하는 것이 아니라 하나님을 인정하지 않는 외람된 태도를 지적하고 있는 것입니다. 그들은 이웃을 비방하는11,12절 사람들처럼, 하나님을 염두에 두지 않고 자행자지自行自止함으로써 교만했습니다. 그들은 장사하고 돈을 벌기 위해 신중하고 자신감 넘치게 이곳저곳을 다녔습니다. 그러나 하나님이 그들과 그들의 사업의 주인이심을 인정하지 않았고, 그럼으로써 그들의 사업계획에 하나님의 자리를 전혀 허락하지 않았습니다. 그들은 하나님이 존재하지 않는다고 생각하는 사람들처럼 일하고 활동했습니다. 비록 교회 공동체의 일원이었음에도, 그들에게는 하나님을 섬기는 것보다 돈을 버는 것이 더 중요했던 것입니다. 그래서 그들은 하나님의 뜻을 구하기보다 세속적 맥락의 관심에서 미래에 대한 계획을 세웠던 것입니다.

  그들이 대화하면서 사용한 네 가지 동사는 모두 '미래형'입니다13절. "가서 πορευσόμεθα(포류소쎄타)", "머물며ποιήσομεν(포이에소멘)", "장사하여ἐμπορευσόμεθα(엠포류소쎄타)", "이익을 보리라κερδήσομεν(켈데소멘)". 그들의 사업 태도는 하나님의 주권을 무시하는 태도요, 이방인들이 세우는 계획과 하등 다를 바가 없습니다. 그러나 하나님을 경외하는 것 없이 파수꾼의 경성함이나 집짓는 자의 수고는 모두 헛되며, 아침부터 저녁까지 부지런히 수고하여 떡을 먹는 것도 헛될 뿐입니다. 그들은 마치 하나님의 뜻과 계획은 전혀 생각지 않고, 곳간만 더 크게 세우면 자기의 영혼이 편히 쉴 수 있을 거라 생각했던 '어리석은 부자'와도 같습니다눅12:16-21. 다음은 『리더스 다이제스트』에 기고한 알렉산더 사울Alexander Saul의 글입니다.

러시아 혁명사를 연구하느라 보낸 50여 년의 기간 동안 나는 수백 명의 개인적인 증언을 듣고 수백 권의 책을 읽었으며, 나 자신도 여덟 권의 책을 출간했습니다. 그러나 만약 오늘 누가 내게 육백 만 명의 러시아 사람을 휩쓸어 버린 잔혹한 혁명의 주된 원인에 대해 할 수 있는 한 정확하게 함축해서 답해 보라고 질문한다면, 나는 "사람들이 하나님을 잊어 버렸기 때문입니다."라고 대답할 것입니다.

하나님의 사업이 되도록 하라

꿈을 꾸고 목표를 갖는 것은 위대한 일입니다. 다만 하나님을 인정하고 그분께 기도하는 경우에만 위대할 수 있습니다. 우리는 신자이면서도 때때로 하나님을 잊어버릴 수 있습니다. 입술로는 하나님을 사랑한다 하면서도 자신의 사업이나 직장, 학교 교육에 대한 계획을 세울 때는 무신론자와 같은 사람들이 많습니다. 우리는 "하나님을 믿습니다."라고 말하지만, 정작 하나님께 우리의 사업에 대해 이야기하는 경우는 드뭅니다. 물론 사업과 신앙을 혼합하자는 것이 아닙니다. 그러나 만약 우리가 신자라면 우리의 모든 사업은 하나님의 사업이 되어야 합니다. 하나님은 우리 사업의 동업자이십니다. 1999년도 인기절정의 광고 문구인 "잘 자 내 꿈꿔"를 만든 CF 감독이 <성공시대>라는 TV프로그램에 나온 적이 있었습니다. 그런데 마지막 장면에서 그가 사무실에서 하루 일과를 시작하는 모습이 비춰졌는데, 그것은 그가 신발을 벗고 사무실 한쪽에 마련된 기도실에 들어가 기도하는 것이었습니다.

우리의 삶의 주관자이신 하나님

15절에서 야고보는 그리스도인은 "주의 뜻이면 우리가 살기도 하고 이것이나 저것을 하리라"고 말할 수 있어야 한다고 권면합니다. 너무 진부하고 상투적인 표현이라고 생각할 수도 있겠지만, 이것이야말로 인생을 살아가는 그리스도인의 태도, 즉 모든 것이 하나님께 달려있음을 인정하고, 무엇이든지 그분이 내게 원하시는 것이 내가 원하는 것임을 인정하는 태도입니다. 효자는 부모님이 원하시는 것이 내가 원하는 것이라고 말하지 않습니까? 그런 점에서 하나님께 묻는 과정 없이 자신 혼자서 어떤 계획을 세우고 할 일을 기록하고 약속을 정해 놓고서 그 다음에야 "어쨌든 주님 내 인생에 복을 주시옵소서."라고 기도한다면, 하나님을 아버지로 믿고 섬기는 사람이 맞는지 돌아보아야 하지 않을까요? 하나님은 우리 인생의 일들에 관심이 많으십니다. 그런 하나님께 우리의 직장과 학교에 관해, 집을 사는 것에 관해 여쭈고 있습니까? 우리가 하고 싶은 대로 할 수 있을 것이란 생각으로 직장을 다니거나 사업을 경영하지 않으시기를 바랍니다. 설령 어느 기간 동안 일이 잘 풀린다고 자만하지 마시기 바랍니다. 하나님을 생각하지 않고 계획을 세우고 일을 진행하는 데도 잘 되고 있는 것은 꼭 좋은 것만은 아닙니다.

야고보는 하나님이 우리의 삶의 주관자이시라고 가르칩니다. 물고기가 물을 떠나 살 수 없듯이, 그리스도인들은 하나님을 떠나서 살 수 없습니다. 그러므로 우리의 모든 계획과 생각과 뜻을 사로잡아 하나님께 복종시켜야 합니다고후10:5. 우리의 뜻을 하나님께 복종시킴으로써 우리의 소원을 하나님의 소원으로 바꾸어가야 합니다. 하나님을 무시하지 않고 매일의 생활에서 하나님 중심으로 생각하고 말해야 합니다. 하나님의 뜻은 우리의 생명과 모든 계획들의 근간이 됩니다. 우리의 삶 전체에서 하나님의 섭리를 인정하고, 우리의 모든 계획에서 하나님의 뜻을 우선해야 합니다. 야고보에 따르면, 우리의 모든 계획은 하나님의 뜻과 기준에 따라 평가되어야 하며, 계속 수정되어야 합니다. 사도 바울도 선교여행을 계획할 때마다 항상 하나님의 뜻을 염두에 두고 그 뜻에 따라 수정하며 시행하려 애썼습니다. 우리 또한 매일의 삶에서 하나님의 뜻을 먼저 살핀 후 말하고 계획하고 행동하는 습관을 가져야 합니다.

　무엇보다 우리의 인생에 관심이 많으신 하나님과 함께 우리의 인생을 점검합시다. 하나님은 우리 인생의 주인이 되시므로 수시로 하나님께 자문을 구합시다. 일이 진행되는 동안에도 계속해서 하나님과 대화합시다. 부디 하나님 없는 계획은 일체 세우지 않으시기를 바랍니다.

최선을 다해 하루씩 삽시다

"13들으라 너희 중에 말하기를 오늘이나 내일이나 우리가 어떤 도시에 가서 거기서 일 년을 머물며 장사하여 이익을 보리라 하는 자들아 14내일 일을 너희가 알지 못하는도다 너희 생명이 무엇이냐 너희는 잠깐 보이다가 없어지는 안개니라 15너희가 도리어 말하기를 주의 뜻이면 우리가 살기도 하고 이것이나 저것을 하리라 할 것이거늘 16이제도 너희가 허탄한 자랑을 하니 그러한 자랑은 다 악한 것이라 17그러므로 사람이 선을 행할 줄 알고도 행하지 아니하면 죄니라"

_야고보서 4장 13~17절

LH 사장이었다가 국토교통부장관이 되었던 사람이 얼마 전 사표를 냈습니다. 장관이 되었다고 온 집안이 좋아했을 텐데, 이렇게 될 줄은 아무도 몰랐을 것입니다. 사실 인생은 하나의 큰 가정법입니다. '인생LIFE'의 한 중간에는 '만약IF'이 있습니다. 인생은 정말 가정적인 상황이 모여진 것입니다. 내일 무슨 일이 일어날지 아무도 모릅니다. 그러므로 우리의 계획과 목표를 세울 때는 항상 하나님을 생각해야 합니다. 그리고 무엇보다 15절 말씀, 곧 "주의 뜻이면 우리가 살기도 하고 이것이나 저것을 하리라"를 명심해야 합니다. 우리는 너무나 당연히 우리 인생을 영원히 살 것처럼 가정합니다14, 16절. 그러나 그렇게 해서는 안 되는 몇 가지 이유들이 있습니다.

아무도 예측할 수 없는 인생

첫째, 인생은 예측할 수 없는 것입니다. 우리 중에 누구도 내년에 어떤 일이 일어날지, 아니 오늘밤 당장 어떤 일이 일어날지 알 수 없습니다. 우리가 할 수 있는 것이라곤 몇 가지 데이터를 가지고 추측하는 것일 뿐입니다. 인생은 예측 불가합니다. 전쟁이 터질 수도 있고, 경제 상황이 반전될 수도 있고, 친구들이 떠나갈 수도 있습니다. 장사하는 사람은 수입이 '축제'에서 '기근'으로 왔다 갔다 하는 것을 알 수 없습니다. 직장에 다니는 사람은 상사로부터 '칭찬'을 듣는가 싶으면, 어느새 '비웃음'을 당합니다. 승진할 것 같은 예감이 들다가도 일찌감치 그만두고 사업하는 것이 낫겠다고 생각하기도 합니다.

그런데 야고보가 13절부터 언급하고 있는 사람들은 인생의 목적과 가치에 대해 전혀 생각하지 않는 자들입니다. 그들은 근본적으로 고려해야 할 인생의 덧없음과 무상함을 전혀 생각하지 않고, 인간의 주도면밀함과 철저한 계획만을 신뢰합니다. 그들의 문제점은 그들 스스로 미래에 대한 내·외적인 모든 환경을 임의대로 조절할 수 있다고 믿으며, 자신의 유익을 위한 통제권도 자신에게 있다고 믿으며 행한다는 데 있습니다. 그들은 솔로몬이 잠언에서 언급한 경고, 즉 "너는 내일 일을 자랑하지 말라 하루 동안에 무슨 일이 일어날지 네가 알 수 없음이니라"잠27:1는 말씀을 무시하는 자들입니다. 그들은 장래에 무엇을 할 것인지 확실하게 계획을 세웠다고 자부합니다. 그러나 실제로는 자신들의 장래에 무슨 일이 일어날지 전혀 알지 못합니다. 장래를 자신들 마음대로 통제할 수 없다는 사실도 모릅니다. 그런 의미에서 그들은 영적으로 무지하고 앞을 보지 못하는 맹인입니다. 그러나 우리의 인생이 불확실하다는 사실에 놀라서는 안 됩니다. 오히려 그 사실로 말미암아 하나님을 더욱 신뢰하시기 바랍니다. 그것이 우리가 할 수 있는 유일한 것입니다.

안개와 같이 짧고 덧없는 인생

둘째, 인생은 짧습니다. 인생은 안개와 같아서 아침에 펼쳐졌다가도 낮이 되면 금방 없어지는 것과 같습니다. 안개ἀτμίς(아트미스)는 태양이 뜨기 전에 잠깐 피었다가 사라지는 증기입니다. 그것은 너무도 허망하고 일시적인 것입니다. 그런데 우리의 인생이 그와 같습니다. 이 사실을 기억하는 그리스도인들은 더욱 겸손하고 하나님만 의지하게 될 것입니다. 우리가 얼마나 살지 누가 알 수 있을까요? 아무도 모릅니다. 정신을 차리면 남은 인생을 우리 마음대로 살 수 있다고 생각지 마십시오! 내일이 당연히 올 것이라고 기대하지 마십시오!

그러므로 내일 일을 자랑할 수 없습니다. 사람들은 계획이나 목표를 세워서 남들에게 자랑하기를 좋아합니다. 그러나 하나님께 묻고 결정한 꿈으로서 믿음의 고백이 아니면 교만의 자랑이 될 수 있습니다. 야고보는 13절에서 사람들이 장사에 대한 계획을 세울 때 하나님의 뜻을 전혀 고려하지 않은 근본 원인을 "허탄한 자랑ἀλαζονείαις(알라조네이아이스)"에서 찾습니다. 이것은 '거만' 또는 '오만'이란 뜻을 가집니다. 자신들의 계획과 생각대로 장사를 해서 이익을 많이 남기고 부자가 되었을 때, 사람들은 자신들의 재주와 안목, 성취를 자랑할 것입니다. 그리스도인들조차 자신들의 성공을 하나님께 복종시키지 못하고 종종 성공에 대한 자만심과 자기 충족감에 빠질 때가 있습니다. 그때가 그리스도인들이 살아가면서 맞게 되는 가장 위험한 순간입니다. 왜냐하면 그때 그리스도인들조차 교만해져서 자신들의 운명을 스스로 통제할 수 있는 것처럼 생각하고 이를 자랑할 수 있기 때문입니다. 그럴 때면 하나님의 뜻도 필요 없고 하나님의 도우심도 안중에 없게 됩니다. 오직 자신들의 재주와 능력만을 믿고 자만하게 됩니다. 하지만 하나님의 뜻과 섭리를 의식하지 않는 그러한 자만과 허탄한 자랑은 우리는 물론 모든 사람에게 악한 것일 뿐입니다.

내일 일을 염려하지 말고 최선을 다하라

셋째, 그러므로 내일 일을 염려하지 말고 최선을 다해 하루하루씩 살아가야 합니다. 마태복음 6장 34절 말씀, 즉 "그러므로 내일 일을 위하여 염려하지 말라 내일 일은 내일이 염려할 것이요 한 날의 괴로움은 그 날로 족하니라"를 쉽게 풀어보자면, "내일의 일을 염려하지 마십시오. 하나님이 내일도 돌보아 주실 것입니다. 그러므로 하루하루를 힘써 살아가십시오."라는 뜻이 될 것입니다. 그렇습니다. 하루하루씩 살아가야 합니다. 그것이 우리 인생의 미래를 맞이하는 하나님의 방법입니다. 미래는 분명히 우리가 감당하기에는 벅찬 것입니다. 하지만 다행히도 그 미래는 한번에 24시간씩 구분된 작은 간격으로 우리에게 주어집니다. 누구든 미래를 계획해야 합니다. 그러나 그 이상으로 현재를 중요하게 여겨야 합니다. 현재의 시간, 그것이 내가 갖고 있는 전부이며, 이 세상에 줄 수 있는 전부이기 때문입니다. 또한 그것이 바로 하나님이 내게 주신 선물이기 때문입니다. 따라서 우리는 현재의 시간을 최선을 다해 사용해야 합니다.

한국 대학생 선교회ccc를 만들고 42년간 사역하신 김준곤 목사님에게 어떻게 일편단심 그렇게 사역하셨느냐고 한 기자가 물었습니다. 그러자 목사님은 "내가 계획해서 이 일을 하겠다고 하지 않고 하루하루를 구름기둥과 불기둥으로 인도함을 받듯이 주님 뜻을 쳐다보고 살아왔을 뿐입니다."라고 대답했습니다. 현재는 나의 시간입니다. 비록 얼마 남았는지 알 수는 없지만, 현재는 내가 바로 하나님이 쓰시는 주인공입니다. 모세가 하던 위대한 일도 여호수아가 대신해야만 했습니다. 모세가 아무리 위대해도 결국 나이 들어 죽었기 때문입니다. 하지만 하나님은 모세가 없어도 여호수아를 통해서 계속하여 위대한 일을 이루어 가셨습니다.

미래가 불확실하고 짧다고 해서 우리가 항상 긴장하고 두려워하며 염려해야만 하는 것은 아닙니다. 오히려 그것을 하나님을 더욱 의지하게 하는 동인으로 삼을 수 있습니다. 우리는 내일을 알지는 못하지만 내일을 쥐고 계신 분은 잘 알고 있습니다. 그러므로 우리의 계획에 하나님을 포함시키며 오늘을 최선을 다해 살아갑시다. 일제강점기 신사참배에 반대하여 옥고를 치른 안이숙 선생님이 지으신 찬송이 생각납니다. "내일 일은 난 몰라요. 하루하루 살아요. 불행이나 요행함도 내 뜻대로 못해요……"

할 수 있으면 지금 합시다

"¹³들으라 너희 중에 말하기를 오늘이나 내일이나 우리가 어떤 도시에 가서 거기서 일 년을 머물며 장사하여 이익을 보리라 하는 자들아 ¹⁴내일 일을 너희가 알지 못하는도다 너희 생명이 무엇이냐 너희는 잠깐 보이다가 없어지는 안개니라 ¹⁵너희가 도리어 말하기를 주의 뜻이면 우리가 살기도 하고 이것이나 저것을 하리라 할 것이거늘 ¹⁶이제도 너희가 허탄한 자랑을 하니 그러한 자랑은 다 악한 것이라 ¹⁷그러므로 사람이 선을 행할 줄 알고도 행하지 아니하면 죄니라"
_야고보서 4장 13~17절

저의 책상 위에는 좌, 우 그리고 앞에까지 책과 자료들과 서류들이 수북이 쌓여 있습니다. 읽어야 될 책들과 처리해야 될 서류들이 뒤로 미뤄졌기 때문입니다. 이렇듯 우리는 뒤로 미루는 것을 좋아합니다. 하지만 야고보는 그것이 덫이라고 지적합니다. 무엇이 옳은 일이며 해야 할 일인지를 잘 알고 있다는 것 자체가 그 일을 실행한다는 보장이 될 수 없습니다. 야고보는 17절에서 1-4장 전체를 요약하며 결론짓습니다. 그는 단지 상인들뿐 아니라 모든 그리스도인들에게 교훈합니다. 그것은 하나님의 뜻을 우선으로 살아야 한다는 것을 알면서도 이를 행하지 않으면, 또한 먹든지 마시든지 무엇을 하든지 하나님의 영광을 위해 살아야 한다는 것을 알면서도 이를 행하지 않으면 죄라는 것입니다고전10:31.

알고도 행하지 않는 죄

여러분은 죄를 무엇이라고 정의합니까? 사람들은 대개 적극적으로 행한 악한 행동들을 죄라고 생각합니다. 그러나 야고보는 또 다른 종류의 죄를 이야기합니다. 그것은 바로 행하지 않았기 때문에 범하는 죄, 즉 옳은 것을 알고도 행하지 않은 죄입니다17절. 기독교 신앙은 단순히 악을 피하는 것 이상입니다. 우리 교회가 술 안 마시고 담배 안 피우는 것에만 중점을 둔다면 율법적인 교회에 지나지 않을 것입니다. 그런 교회는 '하지 말라'의 교회에 불과합니다. 그럴 경우 아마도 죽은 사람이 가장 훌륭한 그리스도인이 되지 않을까요? 죽은 사람은 아무 죄도 짓지 않기 때문입니다.

우리의 인생으로 행할 수 있는 일들에는 여러 가지가 있습니다. 곧 인생을 낭비하든지, 소비하든지 아니면 투자하든지입니다. 먼저 우리는 인생을 낭비할 수 있습니다. TV 광고는 우리의 시간과 돈과 인생을 낭비하는 수없이 많은 길들을 보여줍니다. 또한 우리는 인생을 소비할 수도 있습니다. 명예나 쾌락과 같은 것들을 얻고자 하는 것에서 인생이 소비되곤 합니다. 이런 점에서는 우리의 인생에서 아무것도 하지 않는 시간들이 필요할 수도 있습니다. 녹색연합이라는 환경단체의 월간지인 『'작은 것이 아름답다』에서 4월 1일을 '시계 안보는 날'로 정했습니다. 하루하루를 쫓기듯 살아가는 현대인들이 하루쯤 자연의 흐름에 몸을 맡기고 여유를 느끼도록 하려는 목적에서 그렇게 정했다고 합니다.

마지막으로 우리는 인생을 투자할 수도 있습니다. 그중에서도 가장 좋은 투자는 영원히 지속하는 것에 투자하는 것입니다. 그러면 무엇이 영원히 지속되는 걸까요? 그것은 하나님의 말씀과 사람들입니다. 사람은 이곳 아니면 저곳 또는 천국 아니면 지옥, 둘 중 한 곳에서 영원을 보낼 것입니다. 지금 우리의 시간을 어디에서 보내느냐가 앞으로 우리의 생명을 어디에서 영원히 보내게 될 것인지를 결정합니다. 사람들은 얼마나 오래 살 수 있는지 그 기간에 대해 염려합니다. 그러나 우리의 인생에서 가치 있는 일들을 전혀 하지 않는다면, 우리가 얼마나 오래 사느냐는 하나도 중요하지 않습니다.

아무것도 하지 않는 죄

야고보가 말하는 알고도 행하지 않는 죄는 곧 '무시의 죄'이기도 합니다. 이는 그리스도인이 하나님의 뜻을 우선하고 그 뜻대로 행해야 함에도 불구하고, 오히려 하나님의 뜻을 무시하고 그 뜻에 순종하기를 게을리 하는 죄입니다. 예수님도 누가복음 12장 47절에서 "주인의 뜻을 알고도 준비하지 아니하고 그 뜻대로 행하지 아니한 종은 많이 맞을 것이요"라고 말씀하셨습니다. 뿐만 아니라 선한 사마리아인의 비유에서도 제사장과 레위인은 하나님의 뜻이 무엇인지 알면서도 그것을 무시하고 귀찮아하며 실행하지 않았다고 질책하십니다눅10:30-37. 하나님의 명령을 알면서도 저지르는 죄는 하나님을 더욱 노하시게 합니다. 이에 관해 바울은 아덴의 철학자들에게 다음과 같이 경고했습니다. "알지 못하던 시대에는 하나님이 간과하셨거니와 이제는 어디든지 사람에게 다 명하사 회개하라 하셨으니"행17:30.

예수님이 말씀하신 달란트 비유를 기억하십니까? 주인이 다른 나라에 가면서 한 종에게는 한 달란트를 주고 다른 종에게는 두 달란트를, 또 다른 종에게는 다섯 달란트를 주었습니다. 한 달란트 받은 종은 자신의 달란트를 땅 속에 묻어 두고 아무것도 하지 않았습니다. 주인은 돌아와서 그에게 '게으르고 악한 종'이라고 책망했습니다. 그가 무엇을 행하였기에 책망한 것일까요? 아닙니다. 그가 아무것도 하지 않았기 때문에 책망한 것입니다. 그렇습니다. 우리의 인생에서 가치 있는 것을 아무것도 하지 않는 것은 하나님 앞에서 게으르고 악한 일입니다. 우리 주위에서 가치 있는 일들을 찾아보시기 바랍니다. 그리고 그 일들을 행함으로써 우리의 인생을 가치 있는 것으로 만들어 가도록 합시다.

뒤로 미루지 말고 지금 행하라

주님과 이웃을 위한 것이라고 생각되면 무엇이든지 지금 행하시기 바랍니다. 결코 뒤로 미루지 마십시오. 성경공부를 하고 싶다거나, 새벽기도회에 참석하여 기도하고 싶다면 지금 하십시오. 십일조나 헌금하는 것, 이웃을 전도하거나 돕고 싶은 것 등의 마음이 생기면 뒤로 미루지 말고 지금 바로 하십시오. 우리 중에 어떤 사람은 바로 오늘이 주님께 그 인생을 드리는 날이 될 것입니다. 고등학교 다닐 때 학교 옆의 분식집 벽에 붙어 있던 글귀가 늘 생각납니다. "오늘은 현금, 내일은 외상." 하지만 내일은 없습니다.

우리는 내일이 당연히 있을 것처럼 생각합니다. 그러나 하나님은 우리에게 마치 마지막인 것처럼 매일, 매주를 살라고 말씀하십니다. 우리가 당연히 해야 되는 일로 생각했고 또 하기를 원했지만 단지 뒤로 미루었기 때문에 하지 못하고 있는 일들이 있습니까? 그러고는 여전히 "언젠가는 내가 꼭 할 거야."라고 하는 일들이 있습니까? 어쩌면 그 일들은 결코 할 수 없을 지로 모릅니다. 그러니 더 이상 "언젠가는 내 인생을 하나님께 전적으로 헌신할 날이 올 겁니다."라고 말하지 마십시오. 그날이 오지 않을 수도 있기 때문입니다. 마귀는 우리에게 모든 일들을 '내일 하라'고 속삭입니다. 하지만 오늘 하면 왜 안 되는 걸까요? 오늘보다 더 좋은 때는 없습니다. 할 수 있다면 지금 하십시오. 그러면 구원받고 은혜 받게 될 것입니다고후6:2, "보라 지금은 은혜 받을 만한 때요 보라 지금은 구원의 날이로다".

〈묵상과 나눔을 위한 질문들〉

1. 우리가 서로 다투는 것은 우리 안에 무엇이 있기 때문일까요?

2. 그리스도인들 간에 화평을 이루고자 한다면, 서로에게 하지 말아야 할 것은 무엇일까요?

3. 우리가 만족하려면 하나님으로부터 무엇을 얻어야 하나요?

4. 지금 자신이 세운 계획이나 목표가 있나요? 있다면 그 계획과 목표 안에 하나님이 계시나요?

야고보서 5장

재물의 축적과 습득

"¹들으라 부한 자들아 너희에게 임할 고생으로 말미암아 울고 통곡하라 ²너희 재물은 썩었고 너희 옷은 좀먹었으며 ³너희 금과 은은 녹이 슬었으니 이 녹이 너희에게 증거가 되며 불 같이 너희 살을 먹으리라 너희가 말세에 재물을 쌓았도다 ⁴보라 너희 밭에서 추수한 품꾼에게 주지 아니한 삯이 소리 지르며 그 추수한 자의 우는 소리가 만군의 주의 귀에 들렸느니라 ⁵너희가 땅에서 사치하고 방종하여 살륙의 날에 너희 마음을 살찌게 하였도다 ⁶너희는 의인을 정죄하고 죽였으나 그는 너희에게 대항하지 아니하였느니라"

_야고보서 5장 1~6절

돈이 일만 악의 근원일까요? 아닙니다. 그보다 돈을 사랑하는 것이 일만 악의 근원입니다. 사실 하나님은 '부' 자체를 거부하지는 않으십니다. 성경에 나오는 많은 사람들이 대단한 부자들이었습니다. 아브라함은, 우리 시대로 말하자면, 아마 재벌이라고 할 수도 있을 것입니다. 욥도 당대 최고로 부유한 사람이었습니다. 그러므로 하나님은 단순히 부자라는 이유로 부자를 거부하지는 않으십니다. 다만 재물의 오용과 남용을 반대하시는 것입니다.

들으라 부한 자들아

야고보는 부자들이 책임 있는 영역에서 재물을 잘못 사용하고 있다고 책망합니다. 1세기 유대인들은 세계 곳곳에 흩어져 살았습니다. 그들은 이권에 따라움직였습니다. 현찰이 돌아가는 곳에는 유대인도 따라 돈다는 것이 공식이었습니다. 그래서 당시 도시들은 유대인들을 환영할 수밖에 없었습니다. 유대인들이 들어오면 무역이 발달하고 상업이 번성해지기 때문이었습니다. 그러나 돈을따라가지 않는 유대인들도 있었습니다. 그들은 예수님을 구주로 믿었기 때문에고향에서는 살 수 없어서 쫓겨난 무리들이었습니다. 따라서 그들 중에는 신앙때문에 경제적으로 어려운 사람들이 많았습니다.

1절의 "들으라ἄγε νῦν(아게 뉜)"'자, 이제'로 직역될 수 있음는 명령법 동사로서 신약성경에서 오직 야고보서에만 나옵니다. 그런데 야고보는 앞서 4장 13-17절 단락도이 동사로 시작합니다. 따라서 그는 이 두 단락을 '부'라는 주제로 밀접하게 연결시키면서 부자들에게 경고하려고 독자들의 관심을 고조시키고 있는 것입니다. 이 두 단락에서 야고보는 하나님의 가치와 존재를 무시하고 부에만 의존하는 부자들의 교만과 패역을 강하게 경고합니다. 만일 그들이 그런 식으로 계속살아간다면 그들은 다가올 종말론적 심판에서 피할 수 없을 것입니다. 그때 그들은 너무 심한 고통에 울며 통곡할 것입니다1절. 그 고통은 현세적인 고통일 뿐아니라 영원한 고통이 될 것입니다.

재물을 쌓지 말라

야고보가 부한 자들에게 첫 번째로 경고하는 것은 재물의 축적입니다3절. 돈은 소유하기 위해 모아두는 사재기의 대상이 아닙니다. 그보다 돈은 순환되어야 합니다. 설령 저축하더라도 어떤 목적을 가지고 해야 합니다. 돈 자체가 궁극적인 목적이 되거나, 재물의 축적을 인생의 목적으로 삼는 것은 책망 받아 마땅합니다. 초대교회 시대에는 재물을 쌓아두는 세 가지 방법이 있었습니다. 그것은 2-3절에서 언급하는 곡식과 옷, 그리고 금이나 은이었습니다. 2절에서 "재물$\pi\lambda o\tilde{u}\tau o\varsigma$(플루토스)"은 '곡식'을 의미하는데, 이는 당시 중요한 부의 척도였습니다. 야고보는 이러한 세 가지 형태의 '부'를 언급하면서 우리가 소유한 것들은 쌓아 놓기만 하면 아무 의미 없이 닳아 없어진다는 것을 강조합니다. 특히 먹는 것과 입는 것은 쌓아 둘 것이 아니라 나누어야 합니다. 그렇지 않으면 금방 썩게 됩니다. 썩고 낡고 녹스는 것은 삶의 유한함과 허무함을 나타냅니다. 하나님은 모든 사람들과 생물들이 서로 적절하게 나눔으로써 매일 굶주리지 않고 살아가기를 원하십니다. 또한 더 나아가서 하나님은 사람들이 이 땅에서 썩어질 재물과 잠시 누리는 영광에 의존하기보다 하나님 나라의 영원한 영광을 소망하며 살기를 바라십니다.

그러므로 우리는 성경적으로 올바른 '부'의 저축 및 사용을 실천해야 합니다. 그것은 우리가 돈을 위해 일하는 것이 아니라 돈이 우리를 위해 일하도록 성실하게 저축하고 사용하는 것이나, 다른 사람을 돕기 위해 저축하고 사용하는 것입니다. 그러기 위해서는 먼저 우리가 최소한의 비용으로 사는 것을 배워야 합니다. 록펠러는 "저축 10%, 십일조 10% 그리고 나머지 80%로 사십시오."라고 말했다고 합니다. 요한 웨슬리도 성경이 말하는 재물관을 다음과 같이 세 마디로 요약했습니다. "열심히 일해서 돈을 벌어라, 그리고 열심히 저축하라, 그리고 멋있게 사용하라." 그는 이러한 지침을 모든 감리교회 교인들에게 전달했습니다.

또한 우리는 자족하는 법을 배워야 합니다. 이는 하나님이 우리의 모든 쓸 것을 채우실 것빌4:19이라는 믿음으로 사는 것입니다. 이 믿음은 재정적인 상황이 역전된 때에도 우리로 하여금 하나님 안에서 안정감을 가지고 살게 할 것입니다. 이러한 안정감을 가지고 범사에 감사하며 살아가시기 바랍니다. 옛날에

'불평나라'가 있었습니다. 그 나라에서는 사람들이 늘 불평하고 다투었습니다. 그러다가 사람들 사이에 더 이상 이대로는 안 되겠다는 공감대가 형성되었습니다. 그래서 똑똑한 젊은이 하나를 '감사나라'로 유학을 보냈습니다. 감사나라에 도착한 젊은이는 열심히 공부했습니다. 마침내 '감사학 박사' 학위를 받고 돌아왔습니다. 사람들이 "감사나라에서 많은 것을 배우고 왔겠지요?"라고 물었습니다. 젊은이는 "아뇨, 거긴 정말 지겨웠습니다. 거기에서는 감사밖에 배울게 없었어요!"라고 불평했다고 합니다.

품꾼에게 정직하게 삯을 주라

야고보가 부한 자들에게 두 번째로 경고하는 것은 재물의 습득입니다4절. 하나님은 우리가 어떻게 재물을 갖게 되었느냐에 대해서도 관심을 기울이십니다. 부정직한 방법으로 돈을 벌어서는 안 됩니다. 그리고 무엇보다 그 과정에서 남을 억울하게 해서는 안 됩니다. 초대교회 시대에는 사람들이 하루를 기준으로 일을 했습니다. 그런데 그때에는 일자리 중개인도 없었고, 노조도 없었고, 노동자들을 보호할 법적인 제도도 없었습니다. 따라서 하루 종일 일을 했는데도 고용주가 노동자에게 "너는 일을 제대로 하지 않았어."라고 하면서 빈손으로 집에 돌려보낼 수도 있었습니다4절. 탐욕에 가득 찬 부자들은 재물을 나누기는커녕, 오히려 가난한 자들의 것을 도적질했습니다. 품삯을 받지 못한 품꾼들의 울부짖음에 부자들은 아랑곳하지 않겠지만, 공의로우신 하나님은 다 듣고 계십니다.

야고보가 하나님을 "만군의 주"4절로 지칭한 것은 히브리적인 표현으로 '모든 군대의 하나님'삼상17:45을 의미합니다. 즉 가난한 자들의 울부짖음을 듣고 계신 하나님은 '전능하신' 하나님으로서, 때가 되면 반드시 그들을 신원해주실 것임을 가리키는 것입니다. 잠언 13장 11절에서는 "망령되이 얻은 재물은 줄어 가고"라고 했습니다. 여기서 '망령되이'는 빨리 큰돈을 벌어 보겠다는 마음을 의미합니다. 이렇듯 잠언에서는 단기간에 큰돈을 벌어보자는 제안에 참여하지 말라고 일곱 번이나 교훈하고 있습니다. 돈은 성실하고 지혜롭게 그리고 정직하게 벌어야 합니다.

열심히 일해서 정직한 방법으로 재물을 모으고 이를 쌓아두기보다 가난한 사람과 나누는 것이 성경적인 재물관입니다. 정직한 방법으로 재물을 모을 때라도 희생해서는 안 되는 것들이 있습니다. 첫째는 우리의 건강이고, 둘째는 가족이고, 셋째는 다른 사람들이고, 넷째는 우리의 영적 생활입니다. 재정적인 성장과 영적인 성장이 함께 이루어지는 것이 가장 좋습니다. 사도 요한은 "사랑하는 자여 네 영혼이 잘 됨 같이 네가 범사에 잘되고 강건하기를 내가 간구하노라"요삼2고 축복했습니다. 하나님이 은혜로 주신 재물을 하나님과 이웃을 위해 잘 사용하도록 합시다.

재물의 탐닉과 악용

"¹들으라 부한 자들아 너희에게 임할 고생으로 말미암아 울고 통곡하라 ²너희 재물은 썩었고 너희 옷은 좀먹었으며 ³너희 금과 은은 녹이 슬었으니 이 녹이 너희에게 증거가 되며 불 같이 너희 살을 먹으리라 너희가 말세에 재물을 쌓았도다 ⁴보라 너희 밭에서 추수한 품꾼에게 주지 아니한 삯이 소리 지르며 그 추수한 자의 우는 소리가 만군의 주의 귀에 들렸느니라 ⁵너희가 땅에서 사치하고 방종하여 살륙의 날에 너희 마음을 살찌게 하였도다 ⁶너희는 의인을 정죄하고 죽였으나 그는 너희에게 대항하지 아니하였느니라"

_야고보서 5장 1~6절

여러분은 부자가 되고 싶습니까? 하나님은 우리가 부자가 되는 것을 싫어하지 않으십니다. 예수님이 십자가에서 못 박혀 돌아가신 후, 모든 사람이 외면하던 예수님을 장사 지내게 해달라고 당당히 나선 사람은 다름 아닌 부자 요셉이었습니다. 하나님이 싫어하시는 것은 부자들이 아니라 부자들이 재물을 오용하고 남용하는 것입니다. 앞에서는 부자들의 '재물의 축적과 습득'을 다루었는데, 여기서는 야고보가 책망하고 있는 부자들의 '재물의 탐닉과 악용'을 살펴보도록 하겠습니다.

사치하고 방종하지 말라

야고보가 부한 자들에게 세 번째로 경고하는 것은 재물의 탐닉입니다5절. 5절에서 '사치하다ἐτρυφήσατε(에트뤼페사테)'라는 것은 '도에 지나친 우아함과 화려함을 추구하다'라는 뜻이고, '방종하다ἐσπαταλήσατε(에스파탈레사테)'라는 것은 '육욕에 빠지고 쾌락을 탐닉하다'라는 뜻입니다. 돈을 어디에 쓸 것인가는 대단히 중요한 문제입니다. 야고보는 자신을 위해 이기적으로 재물을 사용하는 것에 대해 책망합니다. 물론 어떤 사람들은 "내가 벌어서 내 마음대로 쓰겠다는 데 왜 안 됩니까?"라며 따져 물을 수 있습니다. 내가 여유가 있어서 나를 위해 돈을 쓰겠다는 데 뭐가 문제냐는 것이죠. 그런데 오늘날 우리 사회는 이런 문화가 팽배할 뿐 아니라 심지어 돈을 낭비하는 사람들을 보는 데서 쾌락을 즐기는 분위기이기도 합니다. 텔레비전 광고도 이런 문화를 부추기는 데 한몫 거듭니다. 미국 사람들은 크리스마스 시즌 때면 평균 1kg의 살이 찐다고 하는데, 야고보는 부자들이 사치와 방종으로 그들의 마음καρδία(카르디아)을 살찌게 한다고 비꼬고 있습니다5b절. 즉 부자들은 사치와 연락을 즐기고자 하는 그들의 마음을 충족시키기 위해 재물을 물 쓰듯 한다는 것입니다. 반면 불쌍한 자들을 돌보는 것이나 하나님을 섬기고 헌신하는 것에는 전혀 관심이 없고, 그래서 일원 한 푼 쓰지 않습니다.

하나님은 우리가 돈을 버는 것만이 아니라 돈을 쓰는 것에도 계획이 있어야 한다고 말씀하십니다. 우리가 재정적으로 압박을 받는 이유 중 하나는 돈을 충분히 벌지 못해서가 아니라 돈을 지혜롭게 쓰지 않기 때문입니다. 돈이 스스로 가고 싶은 대로 가지 않고 우리가 원하는 곳으로 가도록 계획해야 합니다. 그렇게 하려면 무엇보다 예산을 세우고 기록하는 습관이 있어야 합니다. 이는 자녀들에게도 가르쳐야 하는 중요한 삶의 지혜입니다.

야고보는 재물에 탐닉하여 사치하고 방종하는 그들에게 임할 심판을 집에서 기르는 가축에 비유합니다. 문자 그대로 '살륙의 날'은 집에서 기르는 돼지나 닭을 도살하는 날입니다. 그러나 야고보는 그 날을 주님이 재림하시는 심판의 날로 비유합니다. 돼지나 닭이 언제 죽을지도 모르면서 매일 음식을 게걸스럽게 먹고 살을 찌우듯이, 부자도 언제 죽을지도 모른 체 사치하고 방종하며 탐닉하는 삶을 산다는 것입니다.

의인을 정죄하고 핍박하지 말라

야고보가 부한 자들에게 네 번째로 경고하는 것은 재물의 악용입니다6절. 돈은 우리에게 단지 무엇인가를 살 수 있는 능력 그 이상의 것을 가져다줍니다. 우리에게 돈이 있으면 돈은 우리에게 영향력과 권력을 줍니다. 초대교회 시대에는 부자들이 재판관을 매수하여 판결을 굽게 했습니다6절. 6절에서 "의인 δίκαιον(디카이온)"은 부자들로부터 박해를 받으나 오직 하나님만 의지하는 가난하고 궁핍한 백성을 뜻합니다. 부자들은 자신들의 재물을 축적하고 더 늘리기 위해 법을 교묘히 이용하거나 왜곡시켰습니다. 그래서 가난한 자를 억압하고 법정으로 끌고 갔습니다. 그 결과 직접적으로든 간접적으로든 힘없고 자신을 변호할 수 없는 가난한 자는 죽음으로 내몰릴 수밖에 없었습니다. 그런데 이런 일이 오늘날에도 비일비재합니다. 오늘날에도 많은 사람들이 돈으로 다른 사람들의 삶을 조작하곤 합니다. 한편 고통당하는 가난한 의인들은 "대항하지 아니하는" 자들입니다. 그들은 보복하기를 거절했을 뿐 아니라 보복할 힘도 없었습니다. 그런 점에서 부자들의 악랄함이 더욱 드러납니다. 가난한 의인들은 그들을 구원할 분은 오직 하나님이신 것을 알고 신뢰했습니다. 그렇기 때문에 악랄한 부자들의 살인 행위에 대항하지 않았습니다.

우리는 돈이 미치는 영향력을 어떻게 사용해야 할까요? 다른 사람들에게 사랑을 베풀기 위해 사용해야 합니다. 그러면 그것이 우리에게 다시 돌아올 것입니다. 아무리 큰 부자라도 베푸는 삶을 실천하지 않으면 재정적으로 결코 자유로울 수 없습니다. 풍성하게 살기 위해서는 풍성하게 베풀어야 합니다. '비참한 miserable'이라는 영어단어는 '구두쇠miser'에서 유래된 말입니다. "착한 사람은 꼴찌가 된다Nice guys finish last."라는 말이 있습니다. 규칙을 지키며 정직하게 살면 손해보고 경쟁에서 뒤처진다는 뜻입니다. 하지만 정말 그럴까요? 세계 3대 경영대학원 중 하나인 와튼 스쿨Wharton School의 최연소 종신 교수로 임명된 애덤 그랜트Adam Grant 교수는 "다른 사람을 위해서 베풀고 양보하는 사람이 이 사회에서 성공할 수 있을까?"라는 주제에 대해서 연구했습니다. 수많은 사례와 사회과학 이론, 데이터를 연구한 그랜트 교수는 『Give and Take』라는 책을 썼는데, 거기서 그는 성공 사다리의 꼭대기에는 타인의 입장과 이익을 헤아려주는 이타적인 사람이 있다고 주장합니다. 그는 베푸는 사람이 성공하는 이유를 다음과 같이 설명합니다.

> 베푸는 사람은 사람들과 경쟁 관계를 만들지 않아서 주변에 적이 별로 없습니다. 그는 자기 이익에 따라 움직이지 않기 때문에 동료들이 그의 의견을 지지합니다. 사람들은 그에게 이끌립니다. 사람들은 그를 신뢰하고, 도와주려 하며, 함께 하고 싶어 합니다. 결국 베푸는 사람이 가장 오래가는 사람입니다.

"사람이 죽으면 하늘나라에 돈을 가지고 가지 못한다."라는 말을 알고 있습니까? 그러나 돈을 하늘나라에 먼저 보내는 방법이 있습니다. 그것은 하늘나라에 갈 사람들에게 투자하는 것입니다마6:20. 세상의 모든 것은 심판 때에 불에 타 없어질 것이지만, 불타지 않는 영원한 것 두 가지가 있습니다. 그것은 하나님의 말씀과 사람영혼입니다. 이 두가지에 투자하는 것이 하늘나라에 보물을 쌓아 놓는 것입니다. 우리가 하늘나라에 갔을 때 우리의 재물을 투자했던 사람들이 나아와서 우리를 환영할 것입니다. 그들 중에는 우리의 장학금을 받은 사람도 있을 것이고, 우리의 선교헌금을 받은 선교사도 있을 것이고, 우리의 구제헌금을 받은 사람도 있을 것이고, 우리의 건축헌금을 통해 건축된 예배당에 와서 구원받은 사람도 있을 것입니다.

재정적인 자유를 누리는 첫 출발점은 예수님을 우리의 삶의 경영자요 주인으로 삼는 것입니다. 그분을 우리의 모든 영역에서 첫 자리에 모시고 삶을 계획할 때, 우리는 비로소 풍성한 삶을 누리기 시작할 것입니다. 우리의 삶의 첫째 되시는 예수님이 주시는 은혜로 재물을 필요한 곳에 잘 사용하는 풍성한 성도들이 되도록 합시다.

> "네가 이 세대에서 부한 자들을 명하여 마음을 높이지 말고 정함이 없는 재물에 소망을 두지 말고 오직 우리에게 모든 것을 후히 주사 누리게 하시는 하나님께 두며 선을 행하고 선한 사업을 많이 하고 나누어 주기를 좋아하며 너그러운 자가 되게 하라"딤전6:17-18.

언제 인내해야 합니까?

"⁷그러므로 형제들아 주께서 강림하시기까지 길이 참으라 보라 농부가 땅에서 나는 귀한 열매를 바라고 길이 참아 이른 비와 늦은 비를 기다리나니 ⁸너희도 길이 참고 마음을 굳건하게 하라 주의 강림이 가까우니라 ⁹형제들아 서로 원망하지 말라 그리하여야 심판을 면하리라 보라 심판주가 문 밖에 서 계시니라 ¹⁰형제들아 주의 이름으로 말한 선지자들을 고난과 오래 참음의 본으로 삼으라 ¹¹보라 인내하는 자를 우리가 복되다 하나니 너희가 욥의 인내를 들었고 주께서 주신 결말을 보았거니와 주는 가장 자비하시고 긍휼히 여기시는 이시니라"

_야고보서 5장 7~11절

현대인은 슈퍼마켓의 계산대 앞에서 얼마나 참을성 있게 기다릴 수 있을까요? 그 답은 5분 20초입니다. 이 시간이 지나면 사람들은 불안초조해지기 시작한답니다. 그러면 은행의 현금 지급기 앞에서는 얼마나 참을성 있게 기다릴까요? 답은 6분 58초입니다. 이는 일본의 한 관광회사가 일본의 수도권 성인남녀 1,500명을 대상으로 설문조사한 결과입니다. 참을성 없는 현대인의 한 단면을 보여주는 내용입니다.

재림의 소망과 인내

야고보는 유대인 그리스도인들, 특히 가난한 의인들에게 재림의 소망으로 인내의 덕을 함양하라고 권면합니다7절. 특히 그는 인내를 여러 번 되풀이하여 강조합니다. 왜냐하면 악랄한 불신자 부자들이 심판을 받게 될 것이고1-6절, 주님의 재림이 가까웠기 때문입니다. "그러므로"7절 환난과 역경에 쓰러지지 말고, 확신을 가지고 끝까지 인내하는 훈련을 잘하라고 격려하는 것입니다. 물론 그 인내는 무한히 기다려야 하는 것이 아닙니다. 기약 없는 기다림은 사람을 지치게 합니다. 하지만 야고보는 "주께서 강림하시기까지"7절라고 그 시기를 제한하고 있습니다. 때가 약속된 기다림은 그때를 바라봄으로써 모든 것을 견디게 합니다. 그렇기 때문에 그리스도의 강림은 믿는 자들에게 참으로 복된 소망이자딜2:13 위로의 근원이 됩니다살전4:18. 우리는 삶의 모든 영역에서 인내해야 합니다. 그런데 야고보는 특별히 조금 더 인내해야 하는 때가 세 가지 있다고 말합니다.

통제할 수 없는 상황

첫 번째는 통제할 수 없는 상황입니다. 우리 삶의 많은 영역들이 우리의 통제를 넘어선다는 것을 발견하셨나요? 모든 것을 우리 뜻대로 할 수는 없습니다. 아니 우리의 뜻대로 할 수 있는 것이 많지 않습니다. 야고보는 농부의 예를 들어 우리가 통제할 수 없는 상황을 설명합니다7절. 참을성이 없다면 농사하는 일에 뛰어들지 마십시오. 농부가 된다는 것은 많은 인내를 감당해야 함을 의미합니다. 밭을 갈기 위해, 나무를 심기 위해, 가지치기를 위해 기다려야만 되는 요소들이 너무 많습니다. 더군다나 그 일들은 대개 농부가 통제할 수 없는 것으로, 단지 기다려야만 하는 일들인 경우가 많습니다. 특히 날씨나 비, 햇빛 등이 그런 것들입니다. 그러므로 믿음이 큰 사람이라야 농부가 될 수 있습니다.

팔레스타인 땅에는 강수량의 3/4 가량이 12-2월 사이에 발생하지만, 10월 중 순경에 내리는 가을비이른 비가 곡식의 씨를 심기 위해 결정적으로 중요한 비입 니다. 가을비가 내리면 농부는 밭에 나가 씨앗을 심고, 그 씨가 비를 맞으며 발 아하여 싹이 나게 되는 것입니다. 또 한편으로 3,4월에 충분한 양의 비늦은 비가 내려야 곡식이 잘 숙성할 수 있습니다. 그런데 이 같은 강수량과 날씨는 농부의 권한 밖의 일입니다. 그래서 농부는 열매를 위해 겸손해질 수밖에 없고, 하나님 의 섭리를 간절히 사모하며 인내할 수밖에 없습니다.

우리의 삶에서도 통제할 수 없는 일과 환경이 수없이 많습니다. 그런데 혹시 우리의 능력 밖의 일인 줄 알면서도 여전히 우리의 힘으로 어떻게 해 보려고 아 등바등하고 있지는 않습니까? 염려는 그러한 우리의 모습에서 나오는 것입니 다. 우리가 할 수 있는 일을 염려하는 것은 바보 같은 짓이고, 할 수 없는 일을 염려하는 것은 쓸데없는 짓입니다. 어느 쪽이든 염려는 무익한 일입니다. 우리 가 통제할 수 없는 일과 상황에서 우리가 해야 할 일은 염려가 아니라 인내하는 것입니다.

아무런 변화가 보이지 않을 때

두 번째로 인내해야 할 때는 사람들이 변할 것 같지 않을 때입니다. 야고보 는 이와 관련해 10절에서 선지자의 예를 들고 있습니다. 곧 선지자들은 사람 들이 태도를 바꾸고 변하도록 돕는 자, 그럼으로써 사람들을 하나님께로 돌아 오게 하는 자들입니다. 그러나 백성들은 이러한 선지자들의 말에 불순종하며 오히려 그들을 박해했습니다. 여기서 "고난κακοπάθεια(카코파쎄이아)"과 "오래 참음 μακροθυμία(마크로쒸미아)"이라는 두 개의 명사를 나란히 사용한 것은 '중언법'으로서 전자가 후자를 수식하는 형태입니다. 그래서 이를 해석하자면, '고난에 직면하 여 나타난 인내'라고 할 수 있습니다. 구약의 선지자들은 하나님의 말씀을 증언

할 때 겪는 고난 중에서도 하나님의 뜻을 믿음으로 붙잡고 인내하였던 것입니다.

일반적으로 우리는 변화하기를 거부합니다. 그것이 우리의 본성입니다. 하지만 다른 사람들과 함께 생활하려면 변화할 수 있어야 합니다. 변화하기를 거부하는 사람과 함께 생활하는 것은 쉬운 일이 아닙니다. 다른 사람들에게 열 받아도 쉽게 끊어지지 않을 만큼의 튼튼한 마음의 퓨즈, 곧 인내를 갖추고 있어야 합니다. 집에서 자녀들을 양육할 때든, 교회에서 주일학교 학생들을 교육할 때든, 그리고 구역원들을 이끌 때든 변하지 않는 그들을 향해 인내할 수 있어야 합니다.

알 수 없는 문제에 직면했을 때

세 번째로 인내해야 할 때는 이유를 알 수 없는 문제에 직면했을 때입니다. 야고보는 11절에서 인내의 대표적인 예를 제시합니다. 바로 욥의 인내입니다. 욥은 엄청난 고난을 인내로 통과한 사람이었습니다. 사실 그는 당대에 최고의 부자였습니다. 모든 것이 그를 위해 진행되는 것 같았습니다. 그러나 단 이틀 동안 그의 모든 것이 무너져 내렸습니다. 재산은 파산되었으며, 자식들은 모두 죽임을 당했습니다. 그 자신 또한 고통스러운 불치병에 걸렸습니다. 심지어 그의 아내조차 "하나님을 욕하고 죽으라"욥2:9고 그에게 저주를 퍼부었습니다. 그러나 이 모든 것 중에서도 욥에게 가장 큰 고통을 주었던 것은 왜 이런 일이 일어났는지 그 이유를 도무지 알 수 없었다는 것이었습니다.

인생은 공평하지 않습니다. 인생에는 정도를 벗어난 일들이 많습니다. 아마 우리는 하늘의 일에 대해 결코 이해하지 못할 것입니다. 그러나 욥은 까닭을 알 수 없는 고난 가운데서도 그의 믿음을 지켰습니다. 욥은 수동적인 인내를 보여준 것만이 아니라, 고난 중에서도 믿음으로 승리하는 적극적인 인내의 모습을 보여주었던 것입니다. "그러나 내가 가는 길을 그가 아시나니 그가 나를 단련하신 후에는 내가 순금 같이 되어 나오리라"욥23:10.

우리의 삶에서 여러 가지 이유들로 인내할 수밖에 없는 상황들을 만났을 때, 그런 상황들에서도 결국 하나님이 복된 결말을 주실 것임을 믿고 소망하며 인내합시다. 그런 상황에서는 염려하는 것이나 걱정하는 것, 어느 것도 아무 도움이 되지 않습니다. 오직 기도하며 인내하는 수밖에 없습니다. 예수님이 우리를 위해 돌아가셨을 뿐 아니라, 이제 천국을 예비하고 우리를 기다리고 계십니다.

왜 인내할 수 있습니까?

"⁷그러므로 형제들아 주께서 강림하시기까지 길이 참으라 보라 농부가 땅에서 나는 귀한 열매를 바라고 길이 참아 이른 비와 늦은 비를 기다리나니 ⁸너희도 길이 참고 마음을 굳건하게 하라 주의 강림이 가까우니라 ⁹형제들아 서로 원망하지 말라 그리하여야 심판을 면하리라 보라 심판주가 문 밖에 서 계시니라 ¹⁰형제들아 주의 이름으로 말한 선지자들을 고난과 오래 참음의 본으로 삼으라 ¹¹보라 인내하는 자를 우리가 복되다 하나니 너희가 욥의 인내를 들었고 주께서 주신 결말을 보았거니와 주는 가장 자비하시고 긍휼히 여기시는 이시니라"

_야고보서 5장 7~11절

돌에 글자를 새겨 넣는 한 전각 작가가 신구약성경의 전 구절 230만 자를 옥돌에 새겨 넣는 작업을 해서 화제였던 적이 있었습니다. 그는 97년 12월부터 이 작업을 시작했다고 합니다. 그의 가게에 들어서면 손가락 크기의 옥돌에서부터 높이가 60cm나 되는 큰 옥돌까지 다양한 옥돌들이 가지런히 놓여 있습니다. 그는 전남 해남에서 다듬지 않은 옥돌 원석을 가져다 적당한 크기로 자르고 다듬어 광을 냈습니다. 이런 옥돌 원석을 구입하기 위해 15평짜리 아파트 한 채를 팔기까지 했습니다. 결국 10년이나 걸려 완성하여 2007년 8월 강원도 영월 전각박물관에 이를 전시했고, 한국기네스북에도 올랐습니다. 그가 이렇게 오랜 시간 인내하면서 이 작업을 했던 이유가 무엇일까요? 야고보는 본문에서 환난 과 핍박 가운데 있는 초대교회 그리스도인들이 인내할 수 있었던 이유에 대하 여 말합니다.

하나님이 다스리신다

첫째로 하나님이 다스리시기 때문입니다. 본문에서 야고보는 세 번씩이나 주의 재림이 가까웠다고 말합니다. 예수님의 재림은 하나님이 다스리신다는 사실에 대한 궁극적인 증거입니다. 성경은 예수님의 초림보다는 세상을 심판하러 오시는 예수님의 재림을 더 많이 이야기합니다. 역사History는 그분의 이야기His story입니다. 하나님이 이 모든 것을 구상하시고 또 계획대로 진행하시기 때문 에 아무 것도 지체되지 않으며 모든 것이 대단원의 막을 향해 나아갑니다. 우리 를 향한 하나님의 계획은 우리가 지금 직면한 어떤 문제들보다도 위대합니다. 우리의 인생에서 일어나는 모든 일들을 우리로서는 통제할 수 없지만 하나님은 하실 수 있기 때문에 우리는 그분을 믿고 의지해야만 합니다. 하나님이 다스리 셔서 모든 것이 합력하여 선을 이룰 것을 믿고 그분을 의지하면서 인내합시다롬 8:28, "우리가 알거니와 하나님을 사랑하는 자 곧 그의 뜻대로 부르심을 입은 자들에게는 모든 것이 합력하여 선을 이루느니라".

그리스도인들이 재림신앙으로 인내해야 하는 특별한 이유는 교만하고 악한 부자들을 하나님이 심판하실 것이기 때문입니다. 그리고 그리스도인들, 특히 가난한 의인들의 억울함과 원통함을 갚으시고 보복하실 것이기 때문입니다. 예 수님이 재림하실 때 우리의 모든 억울함을 신원하여 주실풀어주실 것이기 때문입 니다살후1;6-7. 그러므로 우리는 마치 농부가 씨를 심기 위해 가을비를 기다리고 열매를 거두기 위해 봄비를 기다리듯이 확신을 가지고 주님의 재림을 소망과 인내로 기다려야 합니다.

하나님이 보상하신다

둘째로 하나님이 인내를 보상해 주시기 때문입니다. 야고보는 예수님의 팔복 중 하나를 인용하여 "인내하는 자는 복되다μακαρίζομεν(마카리조멘)"11절라고 격려합니다. 인내하는 자가 복되다는 말씀이 10-11절 내용의 핵심입니다. 욥의 인생 후반부는 전반부보다 훨씬 복되었습니다11절. 하나님이 그가 소유했던 모든 영역에서 두 배로 갚아 주셨기 때문입니다욥42:12-15. 야고보는 욥의 복을, 곧 그의 신실한 인내에 대한 보상으로 하나님께 받은 복을 우리에게 상기시킵니다. 하나님은 신실함으로 인내하는 그분의 백성들에게 관심을 두시고 최고의 자비와 긍휼을 베풀기 원하십니다출34:6. '복blessing'은 하나님의 변함없는 인정과 객관적인 보상입니다. 선지자들은 박해 가운데서도 인내함으로써 하나님의 인정과 보상을 받았고, 욥 역시도 그러했습니다. 예수님도 주의 이름을 위하여 핍박을 받고 인내한 선지자들이 하늘의 상을 받고 복 있는 자가 되었음을 인정하셨습니다마5:12.

인내에는 온갖 종류의 보상이 뒤따릅니다. 우리의 성품이 성숙해지고, 사람들과 더 좋은 관계를 맺게 되며, 더 큰 행복감을 느낄 수 있고, 우리의 목적을 달성할 수도 있습니다. 현재 세계에서만 보상을 받는 것이 아니라 천국에서도 보상을 받습니다마5:11-12. 상처를 받게 되면 화가 나는 것이 우리의 자연스런 성향입니다. 나아가 그에 대해 앙갚음하고 싶어집니다. 그러나 그것은 인내하는 것과는 정반대의 길입니다. 그러므로 다음에 누군가가 우리를 비난한다면 되돌려 반격하기 전에 이렇게 생각해 봅시다. "맞받아서 비난하는 것이 하늘에서 받기로 한 상급을 포기할 만한 가치가 있을까?"

하나님이 완전케 하신다

셋째로 하나님이 모든 것을 완전케 하시기 때문입니다. 하나님은 종종 문제

뒤편에서 우리가 상상조차 할 수 없는 일들을 행하시지만, 우리는 그것을 보지 못합니다. 욥 역시 하늘에서 무슨 일이 진행되고 있는지 전혀 알지 못했지만, 하나님은 그 동안 내내 일하고 계셨습니다11b절. 지체delay되는 것이 부정denial 되는 것은 아닙니다. 우리가 어떤 응답을 받기 위해 계속 기도했지만 응답을 받지 못했을 때가 있었을 것입니다. 그러면 우리는 하나님이 그것을 주시지 않는 것이라고 생각하며 불평합니다. 하지만 그것은 우리의 관점에서만 보았기 때문입니다. 하나님의 관점에서는 전혀 다릅니다. 그런 점에서 우리는 '안 돼'와 '아직은 안 돼' 사이의 차이를 배워야 합니다. 우리의 손이 묶여 있고 상황을 바꾸는 것이 불가능해 보일지라도, 하나님의 관점에서는 결코 통제 불가능한 것이 아닙니다. 하나님은 모든 것을 완전케 하실 능력이 있으시기 때문입니다. 그러므로 하나님만 바라보며 감사하고 인내합시다.

다음은 제2회 MBC 대학가요제에 입상한 어느 찬양사역자의 간증입니다. 그녀는 1983년에 결혼한 후 마련했던 집을 부동산 업자와 전 집주인의 사기로 잃고 말았습니다. 결국 많은 빚을 지고 절망에 빠졌습니다. 이후 오랫동안 고통 가운데서 보내다가 마침내 하나님 앞에 무릎을 꿇었습니다. 비록 감사할 수 있는 상황이 아니었고 또 감사하기도 싫었지만, 그녀는 결단하고 이렇게 고백했습니다. "이 모든 상황을 이해할 수 없지만 하나님의 전능하심을 믿고 감사드립니다." 그러자 당장에 아무 것도 변한 것이 없었는데도 자기 안에서 무언가 변화가 요동치고 심령에 평안이 밀려옴을 느꼈다고 합니다. 그렇습니다. 우리 앞에 닥친 어려운 상황 속에서 우리는 하나님의 일하심을 볼 수 없지만, 그분이 일하고 계심을 믿고 인내할 수 있어야 합니다.

어떻게 인내해야 합니까?

"⁷그러므로 형제들아 주께서 강림하시기까지 길이 참으라 보라 농부가 땅에서 나는 귀한 열매를 바라고 길이 참아 이른 비와 늦은 비를 기다리나니 ⁸너희도 길이 참고 마음을 굳건하게 하라 주의 강림이 가까우니라 ⁹형제들아 서로 원망하지 말라 그리하여야 심판을 면하리라 보라 심판주가 문 밖에 서 계시니라 ¹⁰형제들아 주의 이름으로 말한 선지자들을 고난과 오래 참음의 본으로 삼으라 ¹¹보라 인내하는 자를 우리가 복되다 하나니 너희가 욥의 인내를 들었고 주께서 주신 결말을 보았거니와 주는 가장 자비하시고 긍휼히 여기시는 이시니라 ¹²내 형제들아 무엇보다도 맹세하지 말지니 하늘로나 땅으로나 아무 다른 것으로도 맹세하지 말고 오직 너희가 그렇다고 생각하는 것은 그렇다 하고 아니라고 생각하는 것은 아니라 하여 정죄 받음을 면하라"

_야고보서 5장 7~12절

　　미국 워싱턴에 있는 아메리칸 대학교의 개리 위버 교수는 "무엇을 하는가?What they do?"와 "어디에 속하는가?Where they are?"를 기준으로 선진국과 후진국을 구분한다고 합니다. 그에 따르면, "무엇을 하는가?"를 강조하는 국민성이 미국을 세계 최강대국으로 만들었다고 합니다. 미국인들은 처음 만나는 사람에게 "나는 무슨 일을 하는 누구입니다."라고 말한 뒤 "당신은 어떤 일을 합니까?"라고 묻습니다. 위버는 이런 자세 때문에 미국인이 자립과 성취감을 중요시하고, 또 사업을 하다 실패하면 더 열심히 하지 못해 경쟁에서 진 데 대한 자괴감을 느낀다고 분석합니다. 반면 후진국 사람들은 "나는 어디 출신이며, 누구의 아들입니다."라고 소속을 강조한다고 합니다.

어떤 어려움이나 곤란한 상황에 처했을 때, 우리는 그 상황을 인내하면서 잘 극복해야 합니다. 그런데 그러한 상황에서 "내가 누군데……"하고 있으면 되겠습니까? 초대교회 그리스도인들은 환난과 핍박 가운데서도 "무엇을 해야 하는가?" 또는 "어떻게 인내해야 하는가?"라고 물었습니다. 본문에서 야고보는 이 질문에 세 가지로 대답합니다.

준비하면서 인내하라

첫째는 준비하면서 인내하라는 것입니다. 농부는 일을 하고 나서 최종적으로 추수를 기다립니다. 추수를 기다리기만 하는 것이 아니라 추수의 그날을 준비합니다. 농부가 새벽에 일어나 논에 나가는 모습은 그가 무엇을 기대하는지를 보여줍니다. 우리는 예배하는 모습으로 우리의 소망이 무엇인지를 보여줍니다. 전 프로야구 롯데선수였던 박정태 선수는 타석에 서서 계속 몸을 흔듭니다. 왜 그렇게 하는지를 물었더니 자기는 몸이 늦게 풀려서 타석에 서서도 그렇게 해야 공을 잘 칠 수 있다고 했습니다. 그가 몸을 계속 흔들거리는 것은 안타를 치기 위한 준비였던 것입니다. 여러분은 하나님으로부터 무엇을 기다립니까? 오랜 질병에서 고침받기를 기다립니까? 재정적인 문제가 호전되기를 기다립니까? 교회와 기관이 부흥되기를 기다립니까? 여러분은 정말로 하나님이 그렇게 해 주시길 믿고 기대합니까? 그렇다면 여러분의 믿음대로 될 것입니다. 그런데 하나님이 일을 행하시도록 기다리고 있음을 어떻게 입증할 수 있을까요? 그것은 여러분이 이를 위하여 무엇을 준비하고 있는지를 보여주는 것입니다. 준비하고 있는 것이 기대하고 있음을 보여주는 것입니다.

잠잠히 인내하라

둘째는 잠잠히 인내하라는 것입니다. 초조하며 긴장 가운데 있을 때, 일들이 생각하는 대로 진행되지 않을 때, 우리는 입을 가만히 두지 못하는 경향이 있다고 야고보는 지적합니다. 왜 야고보가 인내를 말하는 도중에 원망을 언급하는 걸까요?9절 누구든 좌절했을 때 잠잠히 있는 것은 쉬운 일이 아닙니다. 우리의 좌절을 모든 사람이 알아주기를 원합니다. 심지어 그것을 다른 사람 탓으로 돌립니다. 9절에서 '원망하다στενάζετε(스테나제테)'라는 단어는 외적인 비방과 비난만이 아니라, 내적으로 '신음하고 탄식하며 투덜대다'라는 뜻도 가지고 있습니다. 따라서 야고보가 정말로 경계하는 것은, 교회의 성도들끼리 서로 큰소리로 비난하고 다투는 행동만이 아니라, 속으로 서로에 대한 적대와 미움의 감정을 가지고 계속 습관적으로 신음하고 탄식하며 투덜대는 행위까지 포함합니다. 왜냐하면 당시 그리스도인들은 밖으로는 악랄한 부자들의 횡포와 억압에 고난당하고 있었을 뿐 아니라5:2-6, 안으로는 정욕으로 서로 다투고 싸우고 비방하는 안타까운 모습을 보이고 있었기 때문입니다4:1,2,11. 즉 야고보는 부자에게 당한 핍박을 가까이 있는 형제와 자매들에게 대신 분풀이하고, 습관적으로 서로를 원망하는 일을 당장 멈추라고 질책하고 있는 것입니다.

교회 공동체가 내외적으로 어려움을 겪고 있는데, 성도들이 서로에게 책임을 전가하며 미움과 적대의 감정을 가지고 서로를 원망하다 보면 기쁠 일과 감사할 일이 없게 됩니다. 항상 자신의 남편에 대해서 불평을 늘어놓는 여자가 있었습니다. 남편이 죽자 그녀는 묘비에 이렇게 새겼습니다. "고이 잠드소서." 그리고서 집에 돌아와 남편의 유서를 읽었습니다. 남편은 아내에게는 5달러만 상속시키고 나머지는 모두 비서에게 주었습니다. 그러자 그녀는 다시 묘지로 가서 이렇게 덧붙여 새겨 놓았다고 합니다. "우리가 다시 만날 때까지만!"

　기다리는 동안에 우리는 무엇인가를 맹세해야 할 것 같은 유혹도 받습니다 12절. 그런데 그럴 때면 급한 나머지 이말 저말 하기가 쉽습니다. 하지만 그럴 때일수록 잠잠히 인내하시기 바랍니다. 구약의 율법은 맹세한 것을 반드시 지키라고 요구합니다레19:12. 그래서 유대인들은 정죄를 면하기 위해 구속력이 있는 맹세와 구속력이 없는 맹세로 구별하였습니다. 그리고 구속력이 없는 맹세는 하나님의 진노를 피할 수 있다고 보았습니다. 그래서 하나님의 이름을 사용하는 대신 하늘이나 땅으로 맹세하였습니다. 야고보는 이렇게 맹세를 무분별하게 사용하고 남용하는 유대인들을 지극히 경계한 것입니다. 그래서 그는 도무지 맹세하지 말고, 굳이 말하려면 사실만을 정직하게 말하라고 가르칩니다. 다시 말해 그리스도인들의 말과 행동이 신실하고 일관성이 있어 따로 맹세할 필요가 없게 하라는 뜻입니다. 이러한 가르침은 산상수훈에서의 예수님의 가르침과 병행합니다마5:34-37.

기도하면서 인내하라

　셋째는 기도하면서 인내하라는 것입니다. 주변의 일들이 나쁘게 보일 때 계속해서 그 일들만 바라보면, 그 일들이 더 어렵게 보입니다. 그때에는 오히려 하늘을 쳐다보는 것이 좋습니다미7:7, "오직 나는 여호와를 우러러보며 나를 구원하시는 하나님을 바라보나니 나의 하나님이 나에게 귀를 기울이시리로다". 새벽기도를 위해 집을 나서면서 하늘을 쳐다보면 달도 있고 별도 있습니다. 교회에 도착해서 머리를 숙이면 하나님과의 깊은 교제가 시작됩니다. 얼마나 여유 있는 모습입니까? 저녁 시간에 각자의 자리에서 함께 합심하여 기도하는 것 또한 참으로 여유 있는 모습이 아닐 수 없습니다. 상황이 어려울수록 이러한 여유를 찾는 것이 중요합니다.

초대교회 그리스도인들은 악한 부자들에게 많은 핍박을 받았지만, 야고보의 편지를 받고 큰 힘을 얻었을 것입니다. 물론 이것은 오늘날 우리에게도 큰 힘이 되는 말씀입니다. 그러므로 이제 어렵고 중요한 일을 만났을 때 원망하거나 함부로 맹세하지 맙시다. 오히려 그때에 어떻게 인내할 것인가를 생각하며, 준비해야 할 것을 준비하며, 잠잠히 기도하도록 합시다.

언제 기도해야 합니까?

"¹³너희 중에 고난 당하는 자가 있느냐 그는 기도할 것이요 즐거워하는 자가 있느냐 그는 찬송할지니라 ¹⁴너희 중에 병든 자가 있느냐 그는 교회의 장로들을 청할 것이요 그들은 주의 이름으로 기름을 바르며 그를 위하여 기도할지니라 ¹⁵믿음의 기도는 병든 자를 구원하리니 주께서 그를 일으키시리라 혹시 죄를 범하였을지라도 사하심을 받으리라 ¹⁶그러므로 너희 죄를 서로 고백하며 병이 낫기를 위하여 서로 기도하라 의인의 간구는 역사하는 힘이 큼이니라"

_야고보서 5장 13~16절

야고보는 서신을 시작할 때 "기도하라"^{약1:5}고 가르치더니, 서신을 마칠 때에도 다양한 종류의 기도를 구체적으로 가르칩니다. 5장 13-16절에는 '기도'라는 단어가 일곱 번이나 나옵니다. 그러므로 기도에 관해 말하고자 하는 것이 이 본문의 핵심이라 할 수 있습니다. 야고보는 기도의 사람으로 널리 알려진 사람입니다. 그의 별명은 '낙타무릎'이었는데, 이는 기도를 너무 많이 해서 그의 무릎에 큰 반점이 생겼기 때문입니다. 기도에는 막강한 힘이 있습니다. 기도는 하나님과 이야기할 수 있는 것으로, 그리스도인의 생활에서 가장 큰 특권입니다.

우리는 특별히 나라와 민족을 위해 기도해야 합니다. 그중에서도 남과 북의 평화를 위한 기도는 매우 중요합니다. 역대 대한민국 정부는 남과 북의 전쟁의 위험과 긴장관계를 해소하기 위해 남북 정상회담을 추진하였는데, 역사적인 제1차 남북 정상회담이 2000년에 성사되었고, 그때 교류와 협력을 다짐한 남북 공동선언도 채택되었습니다. 그 후 제2차 남북 정상회담이 2007년에, 그리고 제3차 남북 정상회담이 2018년에 성사되었습니다. 이로써 우리는 6.25의 유산을 청산하고 남과 북 사이의 화해와 평화를 추구할 수 있는 중요한 터전을 마련해 왔습니다. 한편으로는 북한의 변화 가능성에 대해 회의적인 사람도 많아 조심스럽게 접근해야겠지만, 그럼에도 평화를 위한 노력은 중단 없이 계속되어야 하며, 이를 위한 우리의 기도 또한 지속적으로 이루어져야 합니다. 그런데 야고보는 본문에서 우리가 개인적으로 정말로 기도해야 할 필요가 있는 두 가지 때에 관해서도 말합니다.

고난당하는 때 기도하라

첫째는 고난당하는 때입니다. 13절의 '고난당하다κακοπαθέω(카코파쎄오)'라는 단어의 의미는 '불행을 겪다, 고민에 빠지다'라는 의미로서, 긴장과 갈등 가운데 있다는 말입니다. 그것은 재정적인 위기나 인간관계의 위기와 같은 외적인 것에서부터 비롯되어 내면의 마음이 약해지고 항상 긴장 가운데 있게 되는 인생의 어려운 때를 말합니다. 그런데 야고보는 바로 그러한 때에 기도하라고 권면합니다. 신실한 그리스도인이라고 해서 항상 믿음의 최정상에 있는 것은 아닙니다. 항상 기뻐하며 살아야 하는 것이 그리스도인의 삶이기는 하지만빌4:4, 현재의 삶에서 그리스도인들 역시 때때로 고난 중에 힘들어 할 때가 있습니다.

그런 고난에 대한 그리스도인의 가장 올바른 반응은 기도입니다. 기도하는 일에 소망이 있습니다. 기도는 그리스도인들이 고난을 극복하는 원동력입니다. 그런데 그리스도인들은 고난을 당할 때 그 고난에서 벗어나게 해달라고 기도하기보다는, 그 고난을 하나님이 기뻐하시는 뜻대로 신실하게 극복하게 해달라고 기도해야 합니다. 그리스도인들은 오직 기도를 통해 하나님에게서 힘과 지혜를 얻어 고난을 이길 수 있는 것입니다. 모든 염려를 하나님께 맡기고 기도하며 간구할 때, 하나님의 돌보심과 인도하심을 받을 수 있습니다. 인생에는 오르막길과 내리막길이 있습니다. 풍요와 기근 사이를 오르락내리락하는 일련의 과정이 인생입니다. 고난 속에서 기도하다 보면 언젠가 즐거워서 찬송할 때가 올 것입니다.

아플 때 기도하라

둘째는 아플 때입니다. 초대교회의 특징 중 하나는 병든 자에 대한 돌봄과 사랑이었습니다. 기름은 당시 유대 사회에서 전통의 상비약으로 사용되었습니다. 그러나 예수님은 치유하실 때 기름을 사용하지 않으셨습니다. 그보다 믿음의 기도가 병든 자를 고칩니다15절. 14절의 "병든 자"는 심각한 병에 걸려 아무것도 할 수 없는 상태를 말합니다. 만일 여러분이 심각한 병에 걸려 의사의 도움도 받을 수 없을 때면 기도하십시오. 병원의 폐업사태 때문에 의사의 진료를 받을 수 없을 때에도 기도하십시오. 우리를 돌보시는 하나님의 사랑과 능력을 체험하는 기회가 될 것입니다.

영적으로 아플 때에도 기도해야 합니다. 또한 우리가 하나님의 뜻을 벗어나 있기 때문에 이를 깨닫게 하려고 주시는 병도 있고, 하나님의 영광을 나타내기 위하여 주시는 병도 있습니다. 그럴 때면 기도하면서 우리의 죄를 깨달아야 하며, 하나님의 영광을 나타내야 합니다. 15절의 "혹시 죄를 범하였을지라도 사하심을 받으리라"는 구절은 사람의 몸과 영혼이 상호연관 되었음을 강조하는 것입니다. 예수님도 중풍병자를 고치실 때 먼저 "네 죄가 사하여졌다"막2:5라고 하셨습니다. 예수님은 병자를 완전하게 하시기 위해 영과 육을 다 치유하신 것입니다. 그렇다면 병은 죄 때문에 오는 것일까요? 항상 그렇지는 않습니다. 야고보가 "혹시χᾰν(칸)"라는 단서를 붙인 것도 병이 반드시 죄 때문에 오는 것은 아니라는 점을 분명히 하기 위함입니다. 예수님은 제자들에게 날 때부터 맹인 된 자의 병은 죄 때문이 아니라, 하나님의 영광을 드러내기 위함이라고 가르치셨습니다요9;2,3. 욥의 경우에도 죄 때문에 전신에 종기가 난 것이 아니라 하나님이 욥의 믿음을 테스트하기 위해 사탄에게 허락하신 것이었습니다욥2:7.

그럼에도 불구하고 병자는 자신의 영적인 상태를 잘 점검하여 자신에게 무슨 악한 행위가 있는지 살펴보아야 합니다시139:24. 실제로 성경에는 병과 죽음이 죄로부터 올 수도 있다는 것을 가르치고 있습니다막2:1-12. 따라서 성령님의 인도하심으로 죄가 드러나면 즉시 회개해야 합니다. 우리 스스로가 많은 질병들을 우리의 삶에 가져온 장본인일 수 있습니다. 우리가 하나님의 원칙을 따르지 않았기 때문에 우리 몸이 그것을 알고 반응하는 것입니다. 잘 먹고 잘 자고 적절히 운동하는 것이 하나님이 우리에게 주신 원칙인데, 우리가 그렇게 하지 않는다면 온갖 종류의 병에 걸릴 수 있습니다. 만약 우리가 하나님의 말씀, 예컨대 빌립보서 4장 6절의 "아무 것도 염려하지 말고 다만 모든 일에 기도와 간구로, 너희 구할 것을 감사함으로 아뢰라"는 말씀을 듣지 않고 염려하고 불평한다면 위장병 같은 것에 걸릴 수도 있습니다. 만약 우리가 우리의 삶에 원한을 품는다면 그것이 우리를 건강하지 못한 삶으로 이끌 수 있습니다. 특히 영적으로 건강하지 못할 경우 우리의 감정은 물론이고 몸도 영향을 받을 수 있습니다. 그러므로 우리에게 죄가 있다면 즉시 하나님 앞에 자백하도록 합시다. 우리의 마음을 표현하는 것이 치유의 첫걸음입니다. 하나님께 자백하는 것은 자유를 경험케 해줄 것입니다.

기도가 너무나도 중요하기에 야고보는 거듭해서 기도하라고 말합니다. 그는 형님이셨던 예수님이 기도하시는 것을 많이 봤을 것입니다. 그리고 기도의 힘을 경험했을 것입니다. 그러므로 우리 모두 힘써 기도합시다. 특히 본문이 우리에게 알려준 것처럼 고난당할 때와 아플 때 더욱 힘써 기도하시기 바랍니다. 혼자만이 아니라 교회 성도들과 함께, 그리고 교회 지도자를 초청해서 함께 기도하시기 바랍니다.

어떻게 기도해야 합니까?

"13너희 중에 고난당하는 자가 있느냐 그는 기도할 것이요 즐거워하는 자가 있느냐 그는 찬송할지니라 14너희 중에 병든 자가 있느냐 그는 교회의 장로들을 청할 것이요 그들은 주의 이름으로 기름을 바르며 그를 위하여 기도할지니라 15믿음의 기도는 병든 자를 구원하리니 주께서 그를 일으키시리라 혹시 죄를 범하였을지라도 사하심을 받으리라 16그러므로 너희 죄를 서로 고백하며 병이 낫기를 위하여 서로 기도하라 의인의 간구는 역사하는 힘이 큼이니라 17엘리야는 우리와 성정이 같은 사람으로되 그가 비가 오지 않기를 간절히 기도한즉 삼 년 육 개월 동안 땅에 비가 오지 아니하고 18다시 기도하니 하늘이 비를 주고 땅이 열매를 맺었느니라"

_야고보서 5장 13~18절

마르틴 루터의 기도가 유럽을 지배하던 천년의 중세 종교시대에 개혁의 바람을 불러일으켰습니다. 리빙스턴의 기도는 미지의 대륙 아프리카에 복음의 길을 열었습니다. 윌리엄 캐리의 기도 또한 인도에 23개의 방언으로 성경을 번역해 보급할 수 있게 했습니다. 빅토리아 영국 여왕도 왕위계승을 통고받은 순간 엎드려 기도했습니다. 그리고 그녀의 통치기간 내내 영국을 성경과 기도로 통치했습니다. 영국역사상 그녀만큼 위대한 왕은 없었습니다. 그러면 하나님앞에 어떻게 기도해야 이들처럼 하나님의 응답을 받을 수 있는 것일까요?

찬송하면서 기도하라

첫째로 찬송하면서 기도해야 합니다. 본문 13절에서는 "기도하라"고 하면서 바로 이어서 "찬송하라"고 말합니다. 고린도전서 14장 15절에서도 "내가 영으로 기도하고 또 마음으로 기도하며 내가 영으로 찬송하고 또 마음으로 찬송하리라"고 말하고 있습니다. 고난당할 때에 우리는 염려와 불안에 빠지기 쉽습니다. 그리고 그런 염려와 불평 가운데서 점점 더 심한 고통을 받게 됩니다. 그러나 그가 기도하면 그의 짐을 하나님께 맡길 수 있습니다. 이와 반대로 즐거워할 때에 우리는 방종에 빠지기 쉽습니다. 방종은 무절제한 시기와 질투를 낳고 결국 그리스도를 욕되게 할 위험이 큽니다. 그러나 우리가 찬송하면 하나님이 주시는 더 풍성한 은혜의 세계로 들어갈 수 있습니다.

13절의 '즐거워하다εὐθυμέω(유쉬메오)'는 외부적인 조건이나 성취를 통해 얻는 즐거움이라기보다 범사에 누릴 수 있는 마음의 기쁨과 평안을 뜻합니다. 이 기쁨은 하늘에서 오는 것으로서 오직 하나님만이 주실 수 있습니다요14:27. 그러므로 그리스도인들은 즐거운 일이 있을 때, 하나님이 형통하게 하심을 알고 감사하며 기뻐해야 합니다전7:14. 성전 미문의 앉은뱅이는 주님이 고쳐주시자 기뻐 뛰며 성전으로 들어가 하나님을 찬양하였습니다행3:8. 야고보 또한 주님 안에서 기뻐하고 즐거워하는 방법 중 하나가 찬양임을 강조합니다. 이 찬양을 통해서 그리스도인들은 기쁠 때나 슬플 때나 그들의 삶의 최우선은 하나님이심을 고백하는 것입니다. '찬송하라'는 말은 성경에 550번이나 쓰였습니다. 1년이 365일이니까 하루에 한번 이상은 찬송하라는 뜻이 아니겠습니까? 찬송하는 것이 곧 그리스도인의 생활방식이 되어야 합니다. 고난당할 때든 즐거워할 때든 우리가 하나님께 가까이 나아가는 길은 찬송하며 기도하는 것입니다. 찬송이 있는 기도가 하나님께 더 아름답게 들릴 것입니다.

합심해서 기도하라

둘째로 합심해서 기도해야 합니다14절. 병든 자는 교회의 장로들을 청하여 기도하라고 했습니다. 그러나 우리는 스스로 알아서 할 때가 많습니다. 문제가 있을 때 스스로 결론을 내고 교회의 성도들이나 장로들께 상의하거나 도움을 청하지 않습니다. 하지만 어떤 일에 관해 결론이 내리기 전에 먼저 함께 기도하시기 바랍니다. 교회 공동체와 함께 기도하며 나아갈 때 놀라운 역사가 일어날 것입니다.

믿음으로 기도하라

셋째로 믿고 구해야 합니다15절. 기도할 때 응답받을 것을 기대해야 합니다. "믿음이 없이는 하나님을 기쁘시게 하지 못하나니 하나님께 나아가는 자는 반드시 그가 계신 것과 또한 그가 자기를 찾는 자들에게 상주시는 이심을 믿어야 할지니라"히11:6. 야고보는 1장 6-8절에서도 믿음의 기도, 일편단심의 기도를 강조하였습니다. 즉 하나님께 지혜를 얻으려면 의심 없는 기도, 확신에 찬 일심의 기도를 드려야 한다는 것이었습니다. 믿음의 기도는 병자를 구원합니다. '구원하다σώζω(소조)'라는 동사는 흔히 영적인 구원을 뜻하지만, 15절에서는 육체적인 회복과 치유를 뜻합니다. 바로 뒤에 나오는 동사 "일으키시리라ἐγερεῖ(에게레이)"가 '구원하다'의 의미를 보다 명확하게 보충 설명해주고 있습니다.

정결한 삶으로 기도하라

넷째로 삶을 정결케 하며 기도해야 합니다16절. "의인의 간구는 역사하는 힘이 많다"고 했습니다. 여기서 말하는 의인은 완전한 사람을 말하는 것이 아닙니다. 누구든 그리스도인이라면 곧 의인입니다. '의'란 우리가 믿음을 가지고 하나님 앞에 서는 것을 말합니다. 그런데 하나님은 의인된 우리가 실제로 삶도 정결케 하기를 원하십니다시66:18, "내가 나의 마음에 죄악을 품었더라면 주께서 듣지 아니하시리라". 우리는 모두 허물 많은 죄인이지만 하나님은 예수님을 믿는 믿음을 보시고 우리를 의롭다고 하셨습니다. 따라서 부족한 우리에게 자격을 주신 하나님 앞에서 정결케 살려고 노력하는 것은 당연한 일이 아니겠습니까?

독일 하원은 2000년 7월 6일에 나치치하에서 강제노동을 한 사람들에게 50억달러를 배상하는 법안을 556대 42라는 압도적인 표차로 통과시키고 전쟁범죄를 사죄하는 결의문을 채택했습니다. 그런데 나치독일이 유럽에서 한 짓 이상으로 일본은 우리나라와 아시아에서 반인륜적 전쟁범죄를 저질렀습니다. 그럼에도 독일과 달리 일본은 군위안부 문제와 징용문제에 대해서 국가차원에서 사과도 하지 않으며, 배상에 대해서도 시원한 태도를 보이지 않습니다. 또한 1970년에 빌리 브란트 서독 총리는 폴란드 바르샤바의 유대인 추모비 앞에서 무릎을 꿇고 용서를 빌었습니다. 반면 일본은 한문깨나 한다는 사람들도 해석하기 어려운 애매한 표현으로 사죄를 합니다. 이에 리하르트폰 바이츠제커 전 독일 대통령은 일본을 방문해 "마음으로부터의 사죄가 아니면 차라리 그만두어야 한다."라고 충고하기까지 했습니다. 일본이 아시아 국가들과 새로운 미래를 건설하려면 진심에서 우러나는 과거사 인정과 사죄가 있어야 합니다.

간절히 기도하라

다섯째로 간절히 기도해야 합니다17절. 엘리야는 위대한 선지자였는데도 17절에서는 그를 우리와 성정이 같은 사람이라고 말합니다. 야고보가 이렇게 말한 이유가 무엇일까요? 그것은 기도의 간절함입니다. 엘리아는 하나님이 응답해주실 때까지 간절히 기도했습니다. 간절한 기도는 우리를 변화시키고, 결국은 하나님을 움직이시게 합니다. 히스기야가 자기의 병이 낫기를 위해서 간절히 기도할 때에 살아계신 하나님이 그의 기도를 들으시고 그를 치료하셨습니다.

구체적으로 기도하라

여섯째로 구체적으로 구해야 합니다. 우습게 들릴지 모르지만 우리는 기도하면서도 정작 아무것도 구하지 않을 때가 많습니다. '감사합니다' 혹은 '복 주십시오'라고 말하는 것이 전부일 때가 있습니다. 즉 구체적으로 기도하지 않는다는 것입니다. 그런데 우리가 하나님께 받지 못함은 구체적으로 구하지 않기 때문일 수 있습니다4:2. 배우자를 구하는 청년들이 구체적으로 구하지 않고 그저 믿음이 좋은 사람만 소개해 달라고 합니다. 그런데 정작 만나고 나면 얼굴이 어떻고 학벌이 어떻고 하며 실망하곤 합니다. 미리 구체적으로 이러저러한 사람을 소개해 달라고 하는 것이 좋습니다.

올바른 동기로 기도하라

마지막으로 올바른 동기로 기도해야 합니다4:3. 기도할 때에 그 내용이 욕심에서가 아닌 참된 목적, 하나님의 영광을 위한 것이 되도록 해야 합니다. 그렇게 기도할 때 기도의 폭탄이 터지게 될 것입니다.

고난을 당할 때와 병중에 있을 때에 하나님이 잘 들으실 수 있도록 기도하시기 바랍니다. 먼저 기도와 찬송이 함께 해야 한다는 것, 그리고 전능하신 하나님을 바라보며 믿음으로 기도해야 한다는 것을 기억합시다. 무엇보다 자신을 성결케 해야 함을 잊지 마시고, 또한 응답이 있을 때까지 교회가 힘을 합하여 간절히 기도합시다.

누가 기도할 수 있습니까?

"¹³너희 중에 고난당하는 자가 있느냐 그는 기도할 것이요 즐거워하는 자가 있느냐 그는 찬송할지니라 ¹⁴너희 중에 병든 자가 있느냐 그는 교회의 장로들을 청할 것이요 그들은 주의 이름으로 기름을 바르며 그를 위하여 기도할지니라 ¹⁵믿음의 기도는 병든 자를 구원하리니 주께서 그를 일으키시리라 혹시 죄를 범하였을지라도 사하심을 받으리라 ¹⁶그러므로 너희 죄를 서로 고백하며 병이 낫기를 위하여 서로 기도하라 의인의 간구는 역사하는 힘이 큼이니라 ¹⁷엘리야는 우리와 성정이 같은 사람이로되 그가 비가 오지 않기를 간절히 기도한즉 삼 년 육 개월 동안 땅에 비가 오지 아니하고 ¹⁸다시 기도하니 하늘이 비를 주고 땅이 열매를 맺었느니라 ¹⁹내 형제들아 너희 중에 미혹되어 진리를 떠난 자를 누가 돌아서게 하면 ²⁰너희가 알 것은 죄인을 미혹된 길에서 돌아서게 하는 자가 그의 영혼을 사망에서 구원할 것이며 허다한 죄를 덮을 것임이라"

_야고보서 5장 13~20절

어떤 목사님이 몇 년 전에 한 병자를 심방한 적이 있었습니다. 그 병자는 허리 아래가 마비되어 9개월 동안이나 교회에 나오지 못했습니다. 그와 대화를 나누면서 목사님은 그의 마음이 원한과 비통함으로 가득 차 있는 것을 발견했습니다. 그는 황소가 뒤에서 받아 마비가 되었다고 했습니다. 그는 자신을 찾아와 주지 않는 사람들에게, 보험금을 조금밖에 주지 않는 보험회사에게, 보험 방법을 잘 가르쳐 주지 않은 의사에게 분개하고 있었습니다. 그뿐만 아니라 또 자기 주변의 더러운 환경과 청소에 대하여, 그리고 모든 상황을 빨리 회복시켜 주시지 않는 하나님을 향하여 분개하고 있었습니다. 그는 이렇게 마음에 원한이 가득 차서 교회에도 나오지 않고 있었습니다. 이에 목사님이 그에게 말했습니다. "하나님은 당신을 치료하시고 온전하게 회복해 주고자 하십니다. 그러나 먼저 당신이 마음에 있는 원한을 제거하기 전까지는 하나님은 당신을 치료해 주지 않으실 것입니다." 그런 다음 그를 위해 간절히 기도해 주었습니다. 그러자 그는 머리를 숙이고는 절제하지 못할 정도로 신음소리를 내며 10분 정도 울며 기도했습니다. 다음 주일 그는 휠체어를 타고 교회에 나왔습니다.

기도의 응답을 받으려면

기도하고 응답받으려면 우리가 영적 거인이 되어야 할까요? 많은 그리스도인들이 "내가 기도한다고 해서 누군가 마음이 변화되는 일이 일어날까?" "내가 기도한다고 해서 누군가의 병이 고침을 받을 수 있을까?" "내 기도로 재정적인 필요가 기적적으로 채워지는 일이 일어날까?"라고 생각합니다. 자신의 기도에 관해 열등감을 가지는 것입니다. 그래서 종종 영적 거인들을 찾아 기도를 부탁하곤 합니다. 그들의 힘을 빌려 병이 낫고, 문제를 해결하기를 원합니다. 하지만 이러한 그리스도인들 때문에 몇몇 영적 거인이라 하는 사람들이 더 교만해지고, 심지어 하나님을 향해 불경스러운 모습을 보이기까지 하는 것입니다. 하나님은 영적 거인이라 해서 기도에 응답하시고 우리의 기도는 무시하시는 분이 아닙니다. 누구든 하나님을 향해 믿음으로 구한다면, 하나님은 반드시 응답하실 것입니다.

엘리야의 기도와 교훈

야고보는 본문에서 엘리야를 예로 들고 있습니다. 엘리야는 북 이스라엘의 아합 왕 시대의 선지자였습니다. 아합 왕과 이세벨 왕비의 주도 아래 이스라엘이 '바알'을 섬기는 죄를 범하고 있을 때, 그는 홀로 450명의 바알 선지자와 400명의 아세라 선지자들과 갈멜 산에서 신의 능력 대결을 벌였습니다_{왕상18:1-40}. 그런데 여기서 승리한 후에 엘리야는 오히려 사막 저편으로 도망가 절망의 상태에서 기도했습니다. 왜냐하면 이 일로 이세벨 왕비가 분노해 엘리야를 죽이려 했기 때문입니다. 열왕기상 19장 10절을 보면, 당시 엘리야는 두려움, 원한, 죄책감, 분노, 외로움, 염려 같은 정서들을 경험하고 있었던 것 같습니다.

야고보는 엘리야가 우리와 "성정이 같은 사람ἄνθρωπος ἦν ὁμοιοπαθής(안트로포스 엔 호모이오파쎄스)"이라고 말했습니다. 여기서 'ὁμοιοπαθής호모이오파쎄스'는 '같은 감정과 같은 행동 양식을 가진'이란 뜻입니다. 즉 위대한 사람들도 우리와 마찬가지로 분노하고 두려워하고 염려하고 외로워한다는 것입니다. 철학자 김용옥 씨는 대우 그룹의 회장이었던 김우중 씨를 '성인'이라고 칭송한 바 있습니다. 그러나 김우중 씨가 '신화적 인물'로 영생할 줄 알았지 '몰락한 기업인'으로 퇴출되리라곤 생각지 못했을 것입니다. 1987년에 주가 대폭락을 3일 전에 예측해서 유명해진 미국의 증권 전문가 엘런 가차렐리도 13번 예측한 중에 5번만 맞아 적중률은 38%에 불과했습니다.

엘리야의 기도와 삶이 주는 교훈은 우리가 기도하기 위하여 완전할 필요는 없다는 것입니다. 완전하지 않아도 얼마든지 기도의 응답을 받을 수 있습니다. 기도는 평범한 사람들이 하는 것입니다. 엘리야는 열왕기상 18장에서 하나님께 비가 오게 해 달라고 겸손하게 기도했습니다_{왕상18:42}. 그런 후에도 일곱 번이나 더 기도했습니다_{43-44절}. 17절에서는 엘리야가 기도할 때 "간절히 기도한즉προσευχῇ προσηύξατο(프로슈케 프로세웍사토)"이라고 표현하고 있습니다. 여기서 '간절히'

라고 번역된 '*προσευχῇ*프로슈케'는 '기도'라는 의미의 명사입니다. 따라서 '간절히 기도한즉'을 문자적으로 번역하면, '그가 기도로 기도하였다'가 됩니다. 이는 유사 단어를 반복하여 그 기도의 간절함을 나타내는 당시의 표현 기법입니다. 즉 엘리야는 우리와 비슷한 사람이었지만 그가 '기도로 기도할' 정도로 간절히 기도했기 때문에, 하나님이 그의 기도를 들어주셨다는 것입니다. 그렇습니다. 하나님은 기도를 통해서 평범한 사람들을 비범한 일에 사용하십니다.

기도는 그리스도인의 생활 가운데서 가장 큰 특권이며 능력입니다. 우리가 기도하는 모든 것들을 하나님은 능히 하실 수 있습니다. 그런데 하나님이 하실 수 있는 것은 무엇이든지 기도를 통해서 이루어집니다. 그러므로 우리가 원하는 것이 있다면 무엇이든지 하나님께 기도합시다. 뿐만 아니라 하나님이 응답하실 때까지 엘리야처럼 간절히 기도합시다. 우리는 기도할 수 있습니다.

그리스도인들의 구원사역

"¹⁹내 형제들아 너희 중에 미혹되어 진리를 떠난 자를 누가 돌아서게 하면 ²⁰너희
가 알 것은 죄인을 미혹된 길에서 돌아서게 하는 자가 그의 영혼을 사망에서 구원
할 것이며 허다한 죄를 덮을 것임이라"
_야고보서 5장 19~20절

야고보서의 마지막 말씀은 특별합니다. 야고보는 마지막에 그가 지금까지
권면한 말들을 곰곰이 생각해 보는 것 같습니다. 그리고 그의 말 때문에 여러
가지 방식으로 "진리의 길에서 벗어난" 사람들을 생각하는 것 같습니다. 그가
권면한 말이 그리스도인들 사이에서 적대감을 불러일으키기도 했으며, 서로 분
열을 일으키기도 했을 것으로 추측됩니다. 왜냐하면 야고보의 권면에는 그만큼
실제적이고 강한 내용의 것들이 많았기 때문입니다. 그래서 혹시라도 잘못된
믿음이나 행위로 교회를 근심시키는 자들이 있다면, 그들이 회개하고 올바른
생각과 의의 길로 다시 돌아서도록 지속적으로 권면하고 살피라고 야고보는 강
조하는 것입니다. 오늘날의 교회에도 주의 말씀이 계속하여 선포되고 있지만,
연약해서 또는 완악해서 의와 진리의 길에서 벗어난 그리스도인들이 있습니다.
그러므로 교회와 그리스도인들은 그런 사람들의 회복과 구원을 위해 항상 권면

하고 살피는 구원사역을 감당해야 합니다.

미혹되어 진리를 떠난 사람들

교회에는 다른 가르침에 미혹되어 참된 진리를 떠난 자들이 있습니다. 그들은 우상숭배나 이단에 빠져서 배교자가 된 사람들일 수도 있고, 복음의 길에서 벗어나 방황하는 또 다른 부류의 사람들일 수도 있습니다. 19절에서 '미혹되다 πρανηθῇ(프라네쎄)'라는 단어는 '올바른 길에서 벗어나 방황하다'라는 뜻으로, 형식은 수동태이지만 디포넌트 동사로서 능동태 의미를 지닙니다. 따라서 19절을 풀어 설명하자면, "나의 형제들이여, 만약 너희 가운데 진리를 떠나 그릇된 길을 가는 사람이 있다면, 그리고 누구든지 그를 돌아서게 한다면"이라 할 수 있습니다. 베드로는 이러한 정황을 "양과 같이 길을 잃은" 모습으로 표현합니다벧전2:25, "너희가 전에는 양과 같이 길을 잃었더니 이제는 너희 영혼의 목자와 감독 되신 이에게 돌아왔느니라".

그들을 돌아서게 하라

교회와 그리스도인들은 그렇게 미혹되어 진리를 떠난 사람들을 방치해서는 안 되고, 어떻게든 돌아서게 하려고 최선을 다해야 합니다. 그래서 야고보는 그리스도인들에게 그들의 형제나 자매가 복음의 바른 길에서 벗어나 방황하는 것을 볼 때, 그들이 다시 돌아오도록 성심을 다하라고 권면하는 것입니다. 여기서 '돌아서게 하다ἐπιστρέφω(에피스트렢소)'라는 동사는 회심할 때도 사용되지만, 멸망 길에서 벗어나 주님 품으로 다시 돌아오는 것에도 사용됩니다. 그리스도인들은 죄의 길에 빠져 있는 형제나 자매에게 설교와 전도, 그리고 개인적인 상담과 권면 등을 통해 그가 하나님 품으로 돌아오도록 힘써야 합니다. 히브리서 저자 역시 미혹된 자가 있으면 "피차 매일 권면하여 죄의 유혹으로 하나님에게서 떨어질까 조심하라"고 권면합니다히3:12,13. 바울도 마찬가지로 형제나 자매가 범죄의 길로 빠져 들어갈 때 온유한 자가 되어 그를 바로잡고, 자신도 돌이켜보아 시험받지 않도록 하라고 권면합니다갈6:1. 수동적으로 복음의 진리를 떠난 자들이 스스로 돌아올 것을 기대할 것이 아니라, 적극적으로 그들을 찾아 나서서 권면하고 상담하고 사랑함으로써 돌아오게 해야 합니다딤전4:16. 그런 수고와 돌봄을 통해 돌아온 죄인은 사망에서 구원함을 받고 허다한 죄를 용서받을 것입니다.

뿐만 아니라 교회 밖에서 죄에 빠져 멸망의 길로 가고 있는 허다한 사람들을 향해서도 교회와 그리스도인들은 지속적으로 구원의 복음을 전해야 합니다. 하나님은 그리스도인들을 구원의 도구로 사용하십니다. 그들의 복음 전도를 통해 죄인들을 용서하고 구원하십니다고전1:21. 우리는 이미 그러한 용서와 구원의 은혜를 넘치도록 받았으므로 이제 그 은혜 밖에 있는 사람들에게 복음을 힘써 전하도록 합시다히8:12.

서로를 향한 특별한 영향력

그리스도인들은 교회 안에서 서로에게 매우 특별한 영향력을 지니고 있어야 합니다. 그것은 교회의 머리되신 예수님의 일과 영향력을 지속시키는 것이며, 타락한 자를 회복시키는 능력입니다. 우리가 예수님 안에 있다면, 우리는 예수님처럼 능력 있게 살 수 있습니다. 우리에게 이러한 능력이 있다는 것을 기억하시기 바랍니다. 어떤 행상이 리처드 백스터의 집을 방문하여 작은 책 한권을 판매했습니다. 그 작은 책을 읽고 리처드 백스터가 회심했습니다. 그 후 백스터는 『성도의 안식』이라는 책을 저술했는데, 그 책을 읽고 필립 도드리지285장 '주의 말씀 받은 그날' 지음가 회심했습니다. 도드리지 역시 나중에 『종교의 생성과 발전』이라는 책을 저술했는데, 그 책은 다시 윌버포스영국 하원의원, 노예제폐지에 앞장섬를 회심시켰습니다. 윌버포스도 『실제적 견해』라는 책을 저술했고, 이 책이 나중에 찰머스남서태평양 선교사와 리치먼드를 회심시켰습니다. 이렇듯 하나님에 대한 뜨거운 사랑으로 불타는 한 작은 성도로 말미암아 모든 것들을 불태워 밝히는 커다란 광채가 일어날 수 있는 것입니다. 그러므로 우리 모두가 작은 불꽃이 되어 옆에 있는 그리스도인들을 불태웁시다. 그런데 젖은 생나무는 작은 하나의 불꽃으로는 쉽게 타지 않습니다. 오히려 불꽃에 완고하게 저항하여 꺼버리고 맙니다. 하지만 그렇더라도 포기하지 말고 다시 불을 붙입시다. 우리에게는 예수님의 능력이 있습니다. 따라서 낙심하지 말고 계속해서 불꽃을 피운다면, 결국 주일학교와 중·고등부와 찬양대가 그리고 우리의 구역과 각 기관들이 큰 불꽃으로 일어나게 될 것입니다.

다른 그리스도인들을 일으켜 세우며 구원하는 것은 그로 말미암아 구원받은 자들만이 아니라 그 일을 위해 수고한 사람들에게도 복을 가져다 줍니다. 우리가 다른 사람을 회심시키려고 할 때 우리 자신이 하나님께 더 가까이 다가가게 되며, 다른 사람의 죄를 덮어줄 때 우리 자신의 죄도 가려지게 됩니다.

예수님의 능력을 가진 그리스도인들이여! 우리 주위에 있는 낙심한 자, 은혜 받지 못한 자, 완악한 자, 비뚤어진 자들을 구원합시다. 하나님이 먼저 우리에게 그러한 관심과 능력을 베푸셨습니다. 야고보는 지금까지 행함이 있는 믿음을 강조하였는데, 이제 마지막 끝맺음에서 우리 자신뿐 아니라 다른 사람들도 그런 믿음을 간직하였는지 관심 있게 살펴보라고 권면합니다. 그래서 그리스도의 피로 한 형제와 자매된 가족들로서, 행함이 있는 믿음을 함께 실천해 나가기를 당부합니다. 하나님은 그분의 자녀들이 함께 서로 돌보고 격려하면서 신앙의 순례 길을 걸어가기를 바라십니다.

⟨묵상과 나눔을 위한 질문들⟩

1. "재물이 얼추 하나님이다."란 말을 어떻게 생각하나요?

2. 세상이 공평하다고 생각하나요? 공평하지 않다면, 나는 무엇을 언제까지 인내할 수 있을까요?

3. 야고보의 별명을 기억하나요? 기억하는 이유는 무엇인가요?

4. 요즘 자신이 기도하는 내용들은 무엇인가요?

5. 자신 때문에 진리의 길에서 벗어난 사람이 있나요? 만약 있다면, 지금부터라도 어떻게 해야 할까요?